BASTIEN PETIT

FOTOS VON
GÉRALDINE MARTENS

SCHINKEN-KÄSE-TOAST UND SEINE FREUNDE

SANDWICHES, PANINI & CROQUE MONSIEUR

HEEL

Inhalt

Einleitung

Meine Liebe zu Croques reicht sehr weit zurück, wir sind sozusagen alte Freunde aus Kindertagen. Und genau wie ich sind Sie sicherlich auch mit diesen Sandwiches aufgewachsen, die aus nichts weiter als zwei Toastbrotscheiben, Butter, Schinken und Käse bestehen – einfacher und leckerer geht es kaum!

Schnell und einfach zubereitet, zählen Croques zu den zeitlosen Klassikern der französischen Küche, die immer wieder aufs Neue begeistern und heute beliebter sind denn je. Auch in den Küchen der Nachbarländer gibt es Varianten, ob sie nun Sandwich, Schinken-Käse-Toast oder Panini heißen – unglaublich lecker sind sie alle ...

Französische Croques können, wie Tartes und Pizzen, auf vielerlei Arten zubereitet werden: mit oder ohne Fleisch, mit viel Käse oder etwas weniger, mit geschmortem Gemüse, einer scharfen oder milden Sauce – hier kann sich jeder austoben! Ob überbacken oder zart schmelzend mit einer Béchamelsauce, Sahne oder geriebenem Käse aufgepeppt (in Frankreich werden gern Comté, Beaufort oder andere Hartkäsesorten verwendet), Croques passen zu jeder Gelegenheit und schmecken in Gesellschaft gleich doppelt so gut!

DIE URSPRÜNGE

Der Croque, an dessen bekanntestem Vertreter - dem Croque Monsieur - in Pariser Bistrots kein Weg vorbeiführt, hat seinen Ursprung in Paris und soll 1910 in einer der Brasserien auf dem Boulevard des Capucines erfunden worden sein. Der Legende nach beschloss Michel Ucarna, ein Bistrotbetreiber, dem die frischen Baguettes für seine Sandwiches ausgegangen waren, im Ofen angeröstetes Toastbrot zu verwenden, um den knusprigen Biss in ein Baguette nachzuahmen.

QUALITÄT ÜBER ALLES

Mit der Zeit habe ich mich immer mehr von den klassischen Toastbrotscheiben des Croque Monsieur und den in Plastik eingepackten Schmelzkäsescheiben verabschiedet, um stattdessen gutes Landbrot und schmackhaften Käse von regionalen Herstellern zu verwenden, die ihr ganzes Können und Wissen in ihre Produkte fließen lassen. Der Erfolg und der Geschmack Ihrer Croques hängt nun einmal von der Qualität der Zutaten ab, die Sie verwenden. Achten Sie daher bitte auf regionale Produkte und unterstützen Sie Ihre lokalen Betriebe. Ebenso ist es wichtig, auf saisonale Produkte zurückzugreifen (also Obst- und Gemüsesorten zu verwenden, die gerade Saison haben) und, wenn möglich, die Landwirte und Bauern, Bäcker, Metzger, Obst- und Gemüsehändler, Imker, Käser, Fischer - all diese talentierten Männer und Frauen - aufzusuchen, die Ihnen alles über ihre Produkte erzählen können und bereit sind, ihre Leidenschaft mit Ihnen zu teilen. Ich liebe gute Produkte und bewundere alle, die sich der Herstellung von qualitativen Produkten und Zutaten verschrieben haben. Lassen Sie uns also gemeinsam deren Arbeit wertschätzen!

EIN GELUNGENER CROQUE – NICHTS LEICHTER ALS DAS?

Einen guten Croque kann jeder im Handumdrehen zubereiten? In der Theorie vielleicht! In der Praxis ist es etwas komplizierter ... Eine schlecht gewählte Brotsorte, ein zu ausgefallenes Rezept, die falsche Garzeit, die falschen Gewürze oder Zutaten, zu viele Zutaten oder Zutaten, die man vergessen hat, et cetera. Um es kurz zu machen: Es gibt natürlich (wie immer) ein paar Regeln, die Sie beachten sollten, damit Ihre Croques zu Hause ein veritabler Erfolg werden.

Das Brot

Das Brot, die Hauptzutat eines Croque, sollte stets von guter Qualität sein.
Auf Seite 6 erfahren Sie mehr.

Der Käse

Wie beim Brot gilt auch hier: je besser die Qualität und je interessanter der Käse, desto origineller und leckerer der Croque. Für Liebhaber kräftiger Käsesorten empfehle ich Roquefort, Fourme d'Ambert oder Gorgonzola, weniger Wagemutige dürften wiederum Comté, Cheddar, Gouda, Mozzarella, Brie oder Ziegenkäse bevorzugen – oder andere Sorten! Es gibt so viele, da kann die Wahl manchmal schwerfallen.

Weitere Zutaten

Von Kochschinken abgesehen (ja, es gibt auch noch andere Zutaten!), lassen sich Croques auch hervorragend mit Hühnchen, Parmaschinken, geräuchertem Fisch, bestimmten Gemüsesorten, Pastrami oder, wer es ein bisschen abgehobener mag, mit Trüffeln oder Morcheln zubereiten. Oder Sie arbeiten einfach mit dem, was Ihr Kühlschrank hergibt – vielleicht gelingt Ihnen ja ganz zufällig der perfekte Croque! Meine Empfehlung: karamellisierte Zwiebeln. Sollten Sie die mögen, werden sie wahrscheinlich häufiger Verwendung finden.

Die Sauce
Wer glaubt, dass ein Croque nur Schinken, Käse oder alle oben genannten Zutaten braucht, irrt. Ein Croque braucht noch viel mehr, vor allem viel Liebe, und viel Sauce. Probieren Sie grünes Pesto oder grobkörnigen Senf, wenn Sie es pikanter mögen, oder würzen Sie süßen Senf mit einem Schuss Essig, wenn Ihnen süß-saure Aromen zusagen. Wer es noch ausgefallener mag, kann sich auch von Bärlauchöl oder Tomaten- oder Gurkenkaviar verführen lassen. Auf den Seiten 8 bis 9 finden Sie einige Saucenrezepte, die nicht nur lecker sind, sondern auch schnell zubereitet.

Knusprig oder zart schmelzend?
Ein Croque kann auf drei Arten zubereitet werden: in der Pfanne, im Ofen - oder mit einem Kontaktgrill. Sie haben keinen? Kein Problem. Sie können leckere Croques auch in der Pfanne zubereiten. Benutzen Sie einfach eine beschichtete Pfanne, (mit Ausnahme der Rezepte, bei denen flambiert wird) streichen Sie etwas Butter auf die Außenseiten ihrer Toastbrotscheiben und achten Sie darauf, dass sie nicht reißen. Belegen Sie sie anschließend mit den Zutaten der Rezepte in diesem Buch, für die ich als Garmethode eine Pfanne gewählt habe, und drücken Sie die Croques in der Pfanne ein wenig nach unten, damit sie nicht zu dick werden und besser durchgaren können.

Ein gelungenes Croque aus dem Ofen zu zaubern, das außen goldbraun ist und innen zart schmelzend, ist nicht kompliziert, wenn man sich an zwei Regeln hält. Lassen Sie die Butter zimmerwarm werden und bestreichen Sie die Außenseiten ihrer Toastbrotscheiben leicht mit der Butter. Tipp: Nutzen Sie während der letzten fünf Minuten die Grillfunktion ihres Ofens, um eine schöne, goldbraune Kruste zu erhalten.

Sie konnten nicht alles aufessen? Das ist seltsam - aber kein Drama! Croques lassen sich gut bis zum nächsten Tag aufbewahren. Lassen Sie sie aber erst komplett auskühlen, bevor Sie sie in Folie wickeln und in den unteren Teil Ihres Kühlschranks stellen. Wenn Sie sie am nächsten Tag wieder aufwärmen wollen, müssen Sie sie nur noch rechtzeitig aus dem Kühlschrank befördern, damit sie Zimmertemperatur annehmen können, bevor Sie sie bei 80 bis 100 °C im Ofen aufbacken, sonst werden sie außen schwarz und innen höchstens lauwarm.

FAZIT
Croques können von jedem in jeder Küche zubereitet werden - auch von blutigen Anfängern. Nehmen Sie frische Zutaten oder einfach das, was Sie im Kühlschrank haben. Hauptsache, es schmeckt!

Mit diesen 50 Rezepten werden Ihnen Ihre Croques garantiert nicht mehr misslingen, und wer weiß, vielleicht kreieren Sie ja schon bald ihren eigenen Croque Monsieur oder Ihre eigene Croque Madame!

Die Brote

Die richtige Brotsorte ist das A und O, wählen Sie daher mit Bedacht und achten Sie auf Qualität. Kaufen Sie, wenn möglich, Ihr Brot immer beim Bäcker oder auf Wochenmärkten (vielleicht backt ja jemand in Ihrer Nähe nach französischer Tradition?), meiden Sie Ketten und Aufbackware aus dem Supermarkt und scheuen Sie sich nicht, neue Wege zu gehen. Bestimmte Zutaten passen besonders gut zu bestimmten Brotsorten, kombinieren Sie also bitte nicht wild durcheinander, und was auch passiert, bitte schneiden Sie nie die Kruste ab!

Toastbrot
Diese Brotsorte ist der Urvater des französischen Croque Monsieur! Toastbrot zeichnet sich durch seine feinporige Krume und dünne Kruste aus, da es in einer Kastenform gebacken wird. Der Teig wird aus Mehl, Wasser, Salz und Hefe hergestellt, wozu Milch, Butter, Zucker und Eier hinzugefügt werden. Auf diese Weise entsteht ein gutes, saftiges Toastbrot, das etwas schwerer und buttriger ist als normales Toast- oder Weißbrot.

Pain de Campagne
Ein Pain de Campagne ist ein französisches Landbrot aus Sauerteig und wird meist aus Weizenmehl oder aus einer Mischung aus Weizen- und Roggenmehl hergestellt. Das Grundrezept ist immer ähnlich, aber natürlich schwört jeder Bäcker auf seine Rezeptur. Die Mehlsorten, das Kneten und der Gärprozess sorgen für helle bis dunklere Brote, die rustikaler im Geschmack sind als klassische Toast- oder Weißbrote und sich in Form, Krume und Kruste unterscheiden.

Brioche
Eine Brioche ist ein locker-leichtes Gebäck aus Hefeteig, in dem mehr Butter und Eier verarbeitet werden als in normalem Toastbrot, weshalb Brioches eine luftigere, gelbere Krume haben. Die Herstellung reicht bis ins Mittelalter zurück, wobei jede Region in Frankreich ihre eigene Brioche hat. Varianten sind vor allem aus der Vendée bekannt, wo Familien besonders zu Ostern und Hochzeiten ihre eigene Brioche herstellten. Ab dem 19. Jahrhundert veränderte sich die Rezeptur, die Brioche wurde reichhaltiger, man flocht sie zu Zöpfen, aromatisierte sie mit Orangenblütenwasser oder Brandy und gab mitunter einen Klecks Crème fraîche in den Teig. Ein mit frischen Briochescheiben zubereitetes Croque ist leicht süß und ein garantierter Genuss für Groß und Klein.

Maisbrot
Dieses aus Maismehl hergestellte Brot, das zurzeit in Westeuropa immer beliebter wird, hat einen leicht süßen Geschmack, eine gelbe Krume und kann sowohl einen kuchen- als auch brotartigen Charakter haben. Seine Süße harmoniert wunderbar mit Sommergemüse. Das Mehl lässt sich übrigens auch gut mit Gersten- und Weizenmehl kombinieren. Sie hatten Maisbrot bisher nicht auf dem Schirm? Dann probieren Sie doch direkt einige der hier vorgestellten Rezepte aus.

Dinkelbrot
Dass Dinkelbrote wieder auf dem Vormarsch sind, hat vor allem damit zu tun, dass Dinkel mehr Vitamine und Nährstoffe enthält als Weizen und nussiger und aromatischer ist. Wie beim Weizen, kann beim Dinkel das volle Korn gemahlen oder zuvor der Keimling und die Schale entfernt werden. Dinkelbrot ist daher eine gesunde, geschmacklich interessante Alternative.

Die Saucen

Versuchen Sie, Ihre Saucen und Würzpasten immer selbst herzustellen. Diese Rezepte eignen sich nicht nur für Croques, sondern auch für andere Gerichte und Desserts. Also, legen Sie los!

Hummus

200 g Kichererbsen aus der Dose · $^1/_2$ TL Tahin · 2 EL Olivenöl · 2 EL Zitronensaft · 1 TL Kreuzkümmel, gemahlen · 1 Knoblauchzehe · 2 EL Wasser · Salz & Pfeffer aus der Mühle

Alle Zutaten in eine Schüssel geben und pürieren, bis eine cremige Masse entsteht. Sollte die Mischung zu dick sein, etwas Wasser hinzugeben. Nach Belieben abschmecken.

Grünes Pesto

2 Bund Basilikum · 50 g Pinienkerne · 50 g Parmesan, gerieben · 2 Knoblauchzehen · 8 EL Olivenöl · Salz & Pfeffer aus der Mühle

Basilikum, Pinienkerne, Parmesan und Knoblauch in eine Schüssel geben und pürieren. Nach und nach das Olivenöl zugeben, bis eine cremige Konsistenz entsteht. Nach Belieben abschmecken.

Bärlauchöl

100 g Bärlauch · 350 ml neutrales Öl (Raps- oder Sonnenblumenöl)

Das Öl in einem kleinen Topf bei mittlerer Hitze auf 60 °C erwärmen und den Bärlauch 1 Minute in einem Topf mit kochendem Wasser blanchieren und abtropfen. Den Herd ausschalten, sobald das Öl seine Temperatur erreicht hat, und den Bärlauch ins Öl geben. Mixen, 12 Stunden ziehen lassen, danach das Öl durch ein Sieb filtern und in eine Flasche füllen. Das Öl lässt sich mehrere Monate im Kühlschrank aufbewahren.

Sauce béarnaise

$^1/_2$ Bund Estragon · 100 ml Weißwein, trocken · 100 ml Weißweinessig · 2 Schalotten · 300 g Butter · $^1/_2$ Bund Kerbel · 4 Eigelbe · Salz & Pfeffer aus der Mühle

Essig, Weißwein, fein gehackte Schalotten und die Hälfte der Kräuter (entspricht 4 EL) mit etwas Pfeffer in einem Topf reduzieren und kurz abkühlen lassen. Die Eigelbe und eine Prise Salz zugeben. Die Masse bei schwacher Hitze dickcremig mit dem Schneebesen aufschlagen. Nach und nach unter ständigem Rühren die Butter zugeben. Den Rest der frischen Kräuter hinzufügen und bis zur weiteren Verwendung im Wasserbad warmhalten.

Auberginenkaviar

2 Auberginen · 1 Knoblauchzehe · 1 gelbe Zwiebel · 1/4 Bund Blattpetersilie · 4 EL Olivenöl · 1 TL Kreuzkümmel, gemahlen · 2 EL Zitronensaft · Salz & Pfeffer aus der Mühle

Die Auberginen rundherum mehrfach einstechen oder einritzen, damit sie nicht aufplatzen, und bei 200 °C mit Umluft 20 bis 30 Minuten im Backofen auf einem Gitter backen. Die gelbe Zwiebel fein hacken und mit 1 EL Öl etwa 10 Minuten bei mittlerer Hitze in der Pfanne dünsten. Dann Knoblauch, Zwiebeln, Salz, Olivenöl und Zitronensaft in einen Mixer geben und mixen. Die Auberginen halbieren und das Fruchtfleisch mit einem Löffel herauskratzen. Mit Kreuzkümmel, Petersilie und Pfeffer abschmecken. Das gewürzte Fruchtfleisch in den Mixer dazugeben und erneut mixen. Bei Bedarf nachwürzen.

Haselnusscreme

200 g Piemonteser Haselnüsse · 200 g Vollmilch- oder Zartbitterschokolade · 30 g Haselnussöl

Den Backofen auf 160 °C Umluft vorheizen. Die Haselnüsse etwa 10 Minuten auf einem Backblech rösten, bis sie zu duften beginnen und leicht angebräunt sind. Die Haselnüsse vorsichtig zwischen den Händen reiben, um die Haut abzulösen. Die Schokolade bei schwacher Hitze im Wasserbad schmelzen. Die Haselnüsse in einen Mixer geben und fein mahlen. Das Öl bei mittlerer Geschwindigkeit zugeben und alles zu einer glatten Creme verarbeiten. Die Schokolade hinzufügen und 1 Minute auf hoher Stufe mixen. Die Haselnusscreme in ein Glas füllen und bei Raumtemperatur aufbewahren.

Tomaten-Knoblauch-Kaviar

700 g getrocknete Tomaten · 4 Knoblauchzehen · 1,2 l passierte Tomaten · 1 TL Zucker · 8 EL Olivenöl · 1/4 Bund Basilikum · Salz & Pfeffer aus der Mühle

Alle Zutaten in einen Mixer geben und zerkleinern, bis eine feine Creme entstanden ist. Nach Belieben abschmecken, danach noch einmal kurz umrühren.

Salzkaramell

160 g weißer Zucker · 80 g Butter, gesalzen · 200 ml Sahne

Den Zucker bei mittlerer Hitze in einem Topf schmelzen lassen, bis helles, goldenes Karamell entsteht. Dann die Sahne in einem weiteren Topf erhitzen. Das Karamell vom Herd nehmen und einen Teil der Sahne zugeben. Kräftig umrühren und sukzessive den Rest der Sahne hinzufügen. Die gewürfelte Salzbutter einrühren und so lange weiterrühren, bis das Karamell schön cremig ist. In ein Glas geben, verschließen, abkühlen lassen und im Kühlschrank aufbewahren.

Ein Hauch von Süden

Tomate | Zucchini | karamellisierte Zwiebeln

Ein Croque, der den Duft von Sommer verströmt, ist genau das Richtige für einen Abend mit Freunden.

Für 4 Croques
Zubereitungszeit: 45 min
Gerät der Wahl: Backofen

8 Scheiben Pain de Campagne
6 EL Tomatenkaviar
2 kleine grüne Zucchini
4 gelbe Zwiebeln
1 EL Honig
1 cremige Ziegenkäserolle
(kein Ziegenfrischkäse)
1/4 Bund Blattpetersilie
4 EL Olivenöl
schwarzer Pfeffer
Salz

Die Zwiebeln schälen, in feine Scheiben schneiden und zusammen mit dem Honig und etwas Öl in der Pfanne karamellisieren. Etwa 10 Minuten bei niedriger Hitze garen, dabei ab und zu umrühren und mit Pfeffer und Salz abschmecken. Zur Seite stellen.

Die Zucchini mit dem Gemüsehobel der Länge nach in feine Scheiben schneiden und 5 Minuten scharf in Olivenöl anbraten. Die gehackte Petersilie zugeben, salzen und pfeffern. Zur Seite stellen.

Den Backofen mit der Grillfunktion auf 180 °C vorheizen.

Nun zu den Croques: 4 Scheiben Pain de Campagne auf ein mit Backpapier ausgelegtes Backblech legen und mit dem Tomatenkaviar bestreichen. Dann eine Schicht karamellisierte Zwiebeln und einige Zucchinischeiben darauf verteilen. Die Croques mit den restlichen Brotscheiben verschließen mit Ziegenkäsescheiben belegen.

Für 5 bis 8 Minuten auf der oberen Schiene im Backofen grillen. Die Croques sind fertig, wenn sie schön gratiniert sind. Heiß genießen.

Tipps
Stellen Sie Ihr Tomatenkaviar ganz einfach selbst her (siehe Rezept Seite 9) oder nehmen Sie rotes Pesto als Grundlage. Veganer können den Ziegenkäse auch weglassen und einen Kontaktgrill verwenden, damit die Croques schön knusprig werden.

Der mit den Pinienkernen

Der mit dem Spargel

Der mit den Pinienkernen

Ziege | Pinienkerne | Basilikum

Kombinieren Sie Brioche, Ziegenkäse und Basilikum zu einem salzig-süßen Geschmackserlebnis!

Für 4 Croques
Zubereitungszeit: 25 min
Gerät der Wahl: Kontaktgrill

8 Scheiben Brioche
1 cremige Ziegenkäserolle, kein Ziegenfrischkäse
30 g Pinienkerne
1 Bund Basilikum
40 g Butter
2 EL Olivenöl
geräucherter schwarzer Pfeffer

Die Pinienkerne 5 Minuten in einer Pfanne ohne Fett rösten und darauf achten, dass sie nicht zu dunkel werden. Auf einen Teller geben und zur Seite stellen.

Nun zu den Croques: 4 Briochescheiben mit den Ziegenkäsescheiben belegen, dann die Basilikumblätter sowie jeweils 1 EL Pinienkerne verteilen. Etwas Pfeffer und Olivenöl dazugeben und die Croques mit den restlichen Briochescheiben verschließen.

Den Kontaktgrill vorheizen und mit dem Pinsel oder Küchenpapier ein wenig Butter auf die Platten auftragen. Die Croques ein paar Minuten grillen, bis die Briochescheiben goldbraun sind und der Ziegenkäse zu zerlaufen beginnt. Sofort servieren und heiß genießen.

Tipp
Spielen Sie mit unterschiedlichen Aromen und Texturen und probieren Sie dieses Rezept mit Pain de Campagne und etwas Honig auf den Ziegenkäsescheiben.

Der mit dem Spargel

Grüner Spargel | getrocknete Tomaten | Cantal

Dieses knusprige, farbenfrohe, originelle Rezept passt perfekt in die Spargelzeit.

Für 4 Croques
Zubereitungszeit: 40 min
Gerät der Wahl: Backofen

8 Scheiben Pain de Campagne
16 Stangen grüner Spargel
160 g getrocknete Tomaten
100 g Cantal
400 g Gruyère, gerieben
400 g Crème fraîche
4 EL Olivenöl
1 TL Chipotle-Chilipulver
grobes Salz
Zatar

Die holzigen Enden der Spargel abschneiden und die Stangen auf die Größe der Brotscheiben zuschneiden. Falls nötig, den Spargel schälen. Die Stangen in leicht gesalzenem Wasser kochen, bis sie bissfest sind, abtropfen lassen und unter kaltem Wasser abbrausen. Trocken tupfen und zur Seite stellen.

Den Gruyère mit der Crème fraîche in einer Schüssel vermengen. Das Chipotle-Chilipulver dazugeben und alles gut verrühren. Zur Seite stellen.

Den Backofen mit Grillfunktion vorheizen auf 180 °C.

Nun zu den Croques: 4 Scheiben Pain de Campagne auf ein mit Backpapier ausgelegtes Backblech legen und die Hälfte der Gruyère-Creme, den zuvor der Länge nach halbierten Spargel, den in Scheiben geschnittenen Cantal und die getrockneten Tomaten auf die Scheiben verteilen. Mit etwas Olivenöl beträufeln und mit den restlichen Brotscheiben verschließen. Die Croques mit der restlichen Gruyère-Crème bestreichen und eine Prise Zatar darüberstreuen.

Im Backofen 8 bis 10 Minuten auf der oberen Schiene grillen. Die Croques sind fertig, wenn sie schön gratiniert sind und der Käse innen zerläuft. Heiß genießen.

Tipps
Verwenden Sie Crottins de Chavignol oder halbtrockenen Ziegenkäse statt Cantal. Die Kombination aus Ziegenkäse und Spargel ist immer ein Gedicht! Wenn Sie kein Chipotle-Chilipulver haben (das sind gemahlene Jalapeños, die geräuchert wurden), können Sie auch Piment d'Espelette nehmen.

Der Mediterrane

Zucchini | Auberginenkavier | Paprika

Dieser Croque duftet herrlich nach gebratenen Zucchini, marinierten Paprika und getrockneten Tomaten. Ich bin sicher, Sie werden dieses Rezept genauso lieben wie ich!

Für 4 Croques
Zubereitungszeit: 40 min
Gerät der Wahl: Backofen

8 Scheiben Maisbrot
4 EL Auberginenkaviar
2 grüne Zucchini
2 rote Paprika
1/4 Bund Schnittlauch
1/4 Bund Blattpetersilie
100 g getrocknete Tomaten
100 g Gouda, gerieben
4 EL Olivenöl
2 TL Zatar
schwarzer Pfeffer
Salz

Die Zucchini in feine Scheiben schneiden und mit 2 EL des Olivenöls etwa 10 Minuten in einer heißen Pfanne bei mittlerer Hitze anbraten. Leicht salzen, pfeffern und Zatar zugeben. Zur Seite stellen.

Die Paprika auf ein mit Backpapier ausgelegtes Backblech geben und ca. 15 Minuten lang im Ofen bei 200 °C auf der Grillfunktion rösten. Dabei gelegentlich wenden. Wenn die Haut dunkel wird und Blasen schlägt, sind sie fertig. Danach in eine Plastiktüte geben und abkühlen lassen, damit sich die Haut leichter abziehen lässt. Die Paprika häuten, entkernen und der Länge nach in Streifen schneiden. In eine Schüssel geben, salzen und pfeffern und mit den restlichen 2 EL Olivenöl übergießen.

Den Backofen mit Grillfunktion auf 180 °C einstellen.

Nun zu den Croques: 4 Scheiben Maisbrot auf ein mit Backpapier ausgelegtes Backblech legen und mit einer Schicht Auberginenkaviar bestreichen. Die Zucchinischeiben, die Paprikastreifen und die getrockneten Tomaten darauf verteilen, danach die Petersilie und den Schnittlauch hacken und darüberstreuen. Die Croques mit den restlichen Brotscheiben verschließen und mit je einer Handvoll geriebenen Gouda überstreuen.

Für 5 bis 10 Minuten im Ofen grillen. Die Croques sind fertig, wenn sie schön gratiniert sind. Heiß genießen.

Tipps
Stellen Sie Ihr Auberginenkaviar einfach selbst her (siehe Rezept Seite 9). Sie können auch Hummus (siehe Seite 8) oder eine Tapenade als Grundlage verwenden und so für Abwechslung sorgen.

Der Sonnenverwöhnte

Paprika | Feta | Tapenade

Der perfekte vegetarische Croque für alle, die gegrillte Paprika mit Raucharomen und eine herzhafte Knoblauch-Feta-Creme mögen.

Für 4 Croques
Zubereitungszeit: 30 min
Gerät der Wahl: Pfanne

8 Scheiben Toastbrot
1 rote Paprika
1 gelbe Paprika
3 Knoblauchzehen
150 g Feta
2 EL Crème fraîche
4 TL Tapenade
60 g Rucola
3 EL Olivenöl
20 g Butter
2 TL Paprikapulver, geräuchert
2 TL Zatar
schwarzer Pfeffer
Salz

Den Backofen mit Grillfunktion vorheizen auf 180 °C.

Die Paprika auf ein mit Backpapier ausgelegtes Backblech geben und ca. 15 Minuten lang im Ofen bei 200 °C auf der Grillfunktion rösten. Dabei gelegentlich wenden. Wenn die Haut dunkel wird und Blasen schlägt, sind sie fertig. In eine Plastiktüte geben und abkühlen lassen, damit sie sich leichter schälen lassen. Zur Seite stellen.

Die Knoblauchzehen schälen und hacken. Den zerbröckelten Feta mit dem gehackten Knoblauch, dem Olivenöl, der Crème fraîche und den Gewürzen vermengen. Mit Pfeffer und Salz abschmecken. Die Paprika häuten, entkernen, würfeln und mit 2 EL Olivenöl übergießen.

Nun zu den Croques: Je 1 TL Tapenade auf die Toastbrotscheiben geben. Anschließend die Paprikawürfel und die Knoblauch-Feta-Creme auf die Scheiben verteilen. Jeweils eine Handvoll Rucola zugeben und die Croques mit den restlichen Brotscheiben verschließen.

Die Butter bei mittlerer Hitze in der Pfanne zerlassen. Die Croques hineingeben und 5 Minuten anbraten. Nach der Hälfte der Zeit einmal vorsichtig umdrehen. Sofort servieren und heiß genießen.

Tipp
Bei Paprika bestimmt der Reifegrad die Farbe: grüne Paprika wurden am frühesten geerntet (und können für Verdauungsbeschwerden sorgen). Später färben sie sich erst gelb, dann orange und zum Schluss rot. Rote Paprika enthalten am wenigsten Bitterstoffe und sind entsprechend am leichtesten zu verdauen.

Der Grieche

Auberginenkaviar | Feta | Rucola

In diesem Rezept verleiht das Maisbrot der Komposition eine gewisse Süße, die die leicht bittere Note des Auberginenkaviars und den milden Geschmack des Fetas ausbalanciert.

Für 4 Croques
Zubereitungszeit: 20 min
Gerät der Wahl: Backofen

8 Scheiben Maisbrot
200 g Auberginenkaviar
200 g Feta
160 g getrocknete Tomaten
100 g Rucola
2 EL Olivenöl
1 EL Paprikapulver, geräuchert
1 EL Zatar

Den Backofen mit Grillfunktion auf 180 °C vorheizen.

Nun zu den Croques: 4 Scheiben Maisbrot auf ein mit Backpapier ausgelegtes Backblech legen und großzügig mit dem Auberginenkaviar bestreichen. Einige Stücke getrocknete Tomaten und je eine Handvoll Rucola auf den Scheiben verteilen. Die Croques mit den restlichen Brotscheiben verschließen. Den Feta in Scheiben auf die Croques legen und mit dem geräucherten Paprikapulver und Zatar bestreuen.

Für 5 bis 8 Minuten auf der oberen Schiene im Backofen grillen. Die Croques sind fertig, wenn sie schön gratiniert sind. Heiß genießen.

Tipps
Stellen Sie Ihr Auberginenkaviar ganz einfach selbst her (siehe Rezept Seite 9). Für dieses Rezept können Sie auch andere Käsesorten ausprobieren. Halbtrockener Ziegenkäse und Auberginenkaviar sind zum Beispiel eine besonders gute Kombination.

Die sichere Bank

Ziege | Walnuss | Spinat

Das Duo Ziegenkäse und Spinat funktioniert eigentlich immer. Die getrockneten Tomaten und karamellisierten Zwiebeln sind aber auch nicht verkehrt, um Groß und Klein zu verführen!

Für 4 Croques
Zubereitungszeit: 30 min
Gerät der Wahl: Pfanne

8 Scheiben Toastbrot
2 gelbe Zwiebeln
1 EL Honig
100 g Babyspinat
200 g Ziegenfrischkäse
40 g getrocknete Tomaten
2 EL Crème fraîche
2 EL Olivenöl
20 g Butter
1 TL Piment d'Espelette
1 Handvoll Walnüsse
geräucherter schwarzer Pfeffer
Salz

Die Zwiebeln schälen, in feine Scheiben schneiden und in einer Pfanne bei mittlerer Hitze mit dem Olivenöl glasig andünsten. Den Honig zugeben, mit Salz und Pfeffer abschmecken und etwa 10 Minuten karamellisieren lassen. Wenn die Zwiebeln karamellisiert sind, den Babyspinat und die gehackten Walnüsse einrühren. Zur Seite stellen.

In einer Schüssel die Crème fraîche mit dem Ziegenfrischkäse, den zuvor gewürfelten getrockneten Tomaten und dem Piment d'Espelette vermischen. Zur Seite stellen.

Die Brotscheiben kurz im Toaster toasten.

Nun zu den Croques: 4 Toastbrotscheiben mit der Zwiebel-Spinat-Mischung bestreichen, die Ziegenfrischkäsecreme darauf verteilen und die Croques mit den restlichen 4 Brotscheiben verschließen. Die Croques in der Pfanne anbraten. Hierfür die Butter bei mittlerer Hitze in der Pfanne zerlassen. Die Croques hineingeben und etwa 5 Minuten anbraten, bis die Creme zerfließt. Heiß servieren und genießen.

Tipp
Variieren Sie, indem Sie den Babyspinat durch Lauch oder ein anderes grünes Gemüse Ihrer Wahl ersetzen.

Der Neapolitaner

Tomate | Mozzarella | Pesto

Mit diesem Croque und viel Dolce Vita setzen wir Kurs auf Italien!

Für 4 Croques
Zubereitungszeit: 15 min
Gerät der Wahl: Kontaktgrill

8 Scheiben Pain de Campagne
2 rote Ochsenherztomaten
4 EL grünes Pesto
250 g Büffelmozzarella
2 EL Olivenöl
$^1/_2$ Bund Basilikum

Den Büffelmozzarella und die Tomaten in circa 0,5 cm dicke Scheiben schneiden. Zur Seite stellen.

Nun zu den Croques: 4 Scheiben Pain de Campagne mit je 1 TL grünem Pesto bestreichen, mit den Mozzarella- und Tomatenscheiben belegen und abschließend ein paar Blätter Basilikum auf dem Belag verteilen. Die Croques mit den restlichen Brotscheiben verschließen und mit Olivenöl beträufeln.

Den Kontaktgrill vorheizen und mit dem Pinsel oder Küchenpapier eine dünne Schicht Olivenöl auf die Platten auftragen. Die Croques ein paar Minuten grillen, bis die Brotscheiben schön gebräunt sind und der Mozzarella zerläuft. Sofort servieren und heiß genießen.

Tipps
Stellen Sie Ihr grünes Pesto ganz einfach selbst her (siehe Rezept Seite 8). Da man für dieses Rezept immer reife Tomaten nehmen sollte, macht es Sinn, diese Köstlichkeit bevorzugt im Sommer zuzubereiten.

Der Thailänder

Mein Lieblingscroque

Der Thailänder

Rind | knackiges Gemüse

Diese thailändische Version eines Croque verführt mit Gemüse und knusprig-würzigem Rindfleisch.

Für 4 Croques
Zubereitungszeit: 30 min
Gerät der Wahl: Backofen

8 Scheiben Toastbrot
400 g Rindfleisch von der Flanke
100 g Gruyère, gerieben
100 g Sojasprossen
100 g Karotten
100 g Zucchini
$^1/_4$ Bund Minze
2 EL Röstzwiebeln
1 TL Ingwer, gemahlen
1 TL Koriander, gemahlen
2 EL Sesamöl
1 EL Honig
2 EL Sojasauce
1 EL Sesam

Das Rindfleisch in feine Scheiben schneiden und mit dem Sesamöl etwa 3 Minuten in einer heißen Pfanne scharf anbraten. In einer Schüssel Koriander, Ingwer, Honig und Sojasauce verrühren und zum Rindfleisch geben. Kurz umrühren und zur Seite stellen.

Karotten und Zucchini in feine Stifte schneiden und in einer Schüssel mit den Sojasprossen, der gehackten Minze, dem Sesam und den Röstzwiebeln vermischen.

Den Backofen auf der Grillfunktion auf 180 °C vorheizen.

Nun zu den Croques: 4 Scheiben Toastbrot auf ein mit Backpapier ausgelegtes Backblech legen und mit einer ordentlichen Schicht knackigem Gemüse belegen. Das Rindfleisch darauf verteilen, dann die Croques mit den restlichen Brotscheiben verschließen und den geriebenen Gruyère darüberstreuen.

Für 5 bis 8 Minuten auf der oberen Schiene im Backofen grillen. Die Croques sind fertig, wenn sie schön gratiniert sind. Heiß genießen.

Tipp
Wer es lieber vegetarisch mag, kann das Rindfleisch einfach weglassen, den Gruyère auf das Gemüse verteilen und den Kontaktgrill verwenden.

Mein Lieblingscroque

Schinken | Ziege | Rucola

Dieser Croque ist schnell zubereitet und ideal für alle, die auf dem Sprung sind!

Für 4 Croques
Zubereitungszeit: 15 min
Gerät der Wahl: Toaster

8 Scheiben Pain de Campagne
4 Scheiben Kochschinken
200 g Ziegenfrischkäse
100 g Rucola
50 g Crème fraîche
2 EL Olivenöl
1/2 Bund Schnittlauch
2 TL Piment d'Espelette
geräucherter schwarzer Pfeffer

Den Ziegenfrischkäse zerbröckeln und mit der Crème fraîche vermischen. Pfeffern und Piment d'Espelette zugeben. Zur Seite stellen.

Die 8 Pain de Campagne-Scheiben kurz toasten, bis sie schön gebräunt sind.

Nun zu den Croques: Alle Brotscheiben innen mit dem Olivenöl bestreichen. 4 davon mit je einer Scheibe Kochschinken belegen, danach eine Schicht mit Ziegenfrischkäsecreme, eine kleine Handvoll Rucola und den gehackten Schnittlauch hinzufügen. Pfeffern, mit etwas Olivenöl beträufeln und die Croques mit den restlichen Brotscheiben – die Innenseiten zuvor dünn mit dem Rest der Ziegenfrischkäsecreme bestreichen – verschließen.

Entweder sofort servieren oder später genießen.

Tipp
Als vegetarische Alternative können Sie Ihre Croques auch statt mit Schinken mit gegrillten Paprikastreifen oder marinierten Zucchinischeiben belegen.

À la Costa Brava

Schinken | Paprika | Cheddar

Dieser Croque vereint knackige und zugleich zarte Paprikastreifen mit herzhaftem rotem Cheddar!

Für 4 Croques
Zubereitungszeit: 30 min
Gerät der Wahl: Pfanne

8 Scheiben Maisbrot
4 Scheiben Kochschinken
1 rote Paprika
160 g roter Cheddar, gerieben
4 TL Tomatenkonzentrat
4 EL grünes Pesto
$^1/_2$ Bund Basilikum
2 EL Olivenöl
20 g Butter
schwarzer Pfeffer
Salz

Die in feine Streifen geschnittene Paprika etwa 10 Minuten bei mittlerer Hitze mit dem Olivenöl anbraten, dabei gelegentlich umrühren, bis die Paprikastreifen schön zart sind. Salzen, pfeffern und zur Seite stellen.

Nun zu den Croques: Die 4 Maisbrotscheiben mit je einem TL Tomatenkonzentrat und grünem Pesto bestreichen. Den Kochschinken, die Paprikastreifen, den Cheddar und das Basilikum verteilen, dann die Croques mit den restlichen Brotschreiben verschließen.

Die Butter bei mittlerer Hitze in der Pfanne schmelzen lassen. Die Croques hineingeben und 5 bis 10 Minuten anbraten. Dabei einmal vorsichtig umdrehen. Die Croques sind fertig, wenn die Brotscheiben eine goldbraune Kruste bekommen haben und der Cheddar zerläuft. Heiß genießen.

Tipps
Stellen Sie Ihr grünes Pesto ganz einfach selbst her (siehe Rezept Seite 8). Sie können den Cheddar auch durch gehobelten Parmesan ersetzen oder Ihren Kontaktgrill verwenden.

Der Kräftig-Milde

Bayonne-Schinken | Tomme de Brebis

Für dieses Rezept wird der Mozzarella durch einen Tomme de Brebis, einen französischen Schafskäse, ersetzt. Das macht diesen Croque kräftig und mild zugleich und lässt keine Wünsche offen!

Für 4 Croques
Zubereitungszeit: 15 min
Gerät der Wahl: Backofen

8 Scheiben Toastbrot
4 Scheiben Bayonne-Schinken
2 rote Ochsenherztomaten
4 EL grünes Pesto
200 g Tomme de Brebis
2 EL Olivenöl

Den Tomme de Brebis und die Ochsenherztomaten in circa 0,5 cm dicke Scheiben schneiden. Zur Seite stellen.

Den Backofen mit Grillfunktion auf 180 °C vorheizen.

Nun zu den Croques: 4 Scheiben Toastbrot auf ein mit Backpapier ausgelegtes Backblech legen und den Tomme de Brebis, den Bayonne-Schinken, die Ochsenherztomaten und das grüne Pesto verteilen. Die Croques mit den restlichen Brotscheiben verschließen und mit Olivenöl bestreichen.

Für 5 bis 8 Minuten auf der oberen Schiene im Backofen grillen. Die Croques sind fertig, wenn sie schön goldbraun sind und der Schafskäse an den Seiten herauszulaufen beginnt. Heiß genießen.

Tipps
Stellen Sie ganz einfach selbst Ihr grünes Pesto her (siehe Rezept Seite 8). Als vegetarische Alternative empfehle ich statt des Bayonne-Schinkens Büffelmozzarella. Legen Sie diesen scheibenweise auf die Croques und gratinieren Sie ihn für den ultimativen Double-Cheese-Genuss!

Der Zypriote

Der Nordländer

Der Zypriote

Halloumi | Avocado | Tomate

Ich liebe Halloumi. Ob gegrillt oder mariniert, diese Käsesorte bringt Geschmack und Textur ins Rezept!

Für 4 Croques
Zubereitungszeit: 20 min
Gerät der Wahl: Kontaktgrill

8 Scheiben Toastbrot
2 rote Ochsenherztomaten
2 Avocados
400 g Halloumi
6 EL Olivenöl
1/2 Bund Basilikum
3 TL Zatar
1 EL grobes Salz
schwarzer Pfeffer

Die Ochsenherztomaten in circa 1,5 cm dicke Scheiben schneiden, mit dem Salz bestreuen und in einem Sieb abtropfen lassen.

Die Avocados und den Halloumi in circa 0,5 cm dicke Scheiben schneiden. Letzteren 5 Minuten lang in einem Teller mit dem Zatar und 4 EL Olivenöl marinieren.

Den Halloumi anschließend mit 1 EL Olivenöl bei mittlerer Hitze in der Pfanne braten. Nach 2,5 Minuten wenden und weitere 2,5 Minuten braten. Die Scheiben müssen goldbraun sein. Pfeffern.

Nun zu den Croques: 4 Scheiben Toastbrot mit jeweils zwei Scheiben Halloumi und Ochsenherztomaten belegen. Anschließend die Avocadoscheiben und die Basilikumblätter verteilen. Mit dem Olivenöl beträufeln, pfeffern und die Croques mit den restlichen Brotscheiben verschließen.

Den Kontaktgrill vorheizen und mit dem Pinsel oder Küchenpapier eine dünne Schicht Olivenöl auf die Platten auftragen. Die Croques ein paar Minuten grillen, bis die Brotscheiben goldbraun sind. Sofort servieren.

Tipp
Halloumi stammt ursprünglich aus Zypern, ist heute aber in fast jedem Supermarkt zu finden. Sollten Sie diesen Käse noch nicht gekostet haben, ist das das richtige Rezept dafür!

Der Nordländer

Räucherlachs | Spargel | Ricotta

Ein farbenfroher und schmackhafter Croque, der überbackenen Mozzarella mit knackigem Spargel verbindet.

Für 4 Croques
Zubereitungszeit: 30 min
Gerät der Wahl: Backofen

8 Scheiben Pain de Campagne
16 Stangen grüner Spargel
8 Scheiben Räucherlachs
250 g Ricotta
250 g Büffelmozzarella
2 EL Olivenöl
2 TL Piment d'Espelette
schwarzer Pfeffer
grobes Salz

Die holzigen Enden der Spargel abschneiden und die Stangen auf die Größe der Brotscheiben zuschneiden. Falls nötig, den Spargel schälen. Kurz in leicht gesalzenem Wasser kochen, bis er bissfest ist, dann abtropfen lassen und unter kaltem Wasser abbrausen. Trocken tupfen und zur Seite stellen.

Den Backofen mit Grillfunktion auf 180 °C vorheizen.

Nun zu den Croques: 4 Scheiben Pain de Campagne auf ein mit Backpapier bedecktes Backblech legen und die Scheiben mit dem Ricotta bestreichen. Mit 2 Scheiben Räucherlachs belegen, pfeffern und jeweils 4 Spargelstangen der Länge nach auf den Räucherlachs legen. Die Croques mit den restlichen Brotscheiben verschließen und mit dem in Scheiben geschnittenen Büffelmozzarella belegen. Mit Olivenöl beträufeln und eine Prise Piment d'Espelette darüberstreuen.

Für 6 bis 8 Minuten auf der oberen Schiene im Backofen grillen. Die Croques sind fertig, wenn sie schön gratiniert sind. Heiß genießen.

Tipp
Sie können das Rezept auch mit geräucherter Forelle und weißem Spargel variieren.

Der Europäer

Bündnerfleisch | Kresse | Gouda

Dieses Rezept entführt Sie zu einer kulinarischen Reise in die Schweiz und die Niederlande. Es vereint das Beste aus beiden Ländern: Bündnerfleisch aus der Schweiz und Gouda aus den Niederlanden.

Für 4 Croques
Zubereitungszeit: 20 min
Gerät der Wahl: Kontaktgrill

8 Scheiben Pain de Campagne
16 Scheiben Bündnerfleisch
400 g Kresse
200 g Gouda, in Scheiben
40 g Butter
2 EL Olivenöl
schwarzer Pfeffer
Salz

Die Kresse in der Pfanne mit etwas Olivenöl bei mittlerer Hitze etwa 5 Minuten anbraten. Salzen, pfeffern und zur Seite stellen.

Nun zu den Croques: Die Innenseiten von 4 Scheiben Pain de Campagne buttern und jeweils mit 4 Scheiben Bündnerfleisch belegen. Danach die Kresse und die Goudascheiben verteilen. Die Croques mit den restlichen Brotscheiben verschließen.

Den Kontaktgrill vorheizen und mit dem Pinsel oder Küchenpapier ein wenig Butter auf die Platten auftragen. Die Croques ein paar Minuten grillen, bis die Brotscheiben schön gebräunt sind und der Gouda zerläuft. Sofort servieren und heiß genießen.

Tipp
Wenn Sie keine Kresse mögen, können Sie dieses Rezept auch mit Babyspinat zubereiten, den Sie wie die Kresse anbraten.

Der Spontane

Huhn | Béarnaise | Raclette

Dieser Croque ist spontan aus Resten vom Vortag entstanden und wurde von der ganzen Familie abgesegnet!

Für 4 Croques
Zubereitungszeit: 15 min
Garzeit: 20 min
Gerät der Wahl: Backofen

8 Scheiben Pain de Campagne
400 g Hähnchenbrust
8 EL Sauce béarnaise
150 g Raclettekäse
40 g Butter
2 EL Olivenöl
geräucherter Pfeffer
Fleur de sel

Die Hähnchenbrust in Stücke schneiden, die Butter in der Pfanne zerlassen und die Stücke bei mittlerer Hitze kurz anbraten, bis sie etwas Farbe bekommen. Sie sollten innen noch leicht roh sein, da sie im Ofen weitergaren, also nicht länger als 10 Minuten braten. Nach Geschmack salzen und pfeffern und zur Seite stellen.

Den Raclettekäse in 0,5 cm dicke Scheiben schneiden. Den Backofen mit Grillfunktion auf 180 °C vorheizen.

Nun zu den Croques: 4 Scheiben Pain de Campagne auf ein mit Backpapier ausgelegtes Backblech legen und mit je einem EL Sauce béarnaise bestreichen. Das Hühnchen und den in Scheiben geschnittenen Raclettekäse hinzufügen. Mit der Hälfte des gehackten Schnittlauchs bestreuen und die Croques mit den restlichen Brotscheiben verschließen. Die Brotoberseiten mit der restlichen Sauce béarnaise bestreichen und mit dem Rest Schnittlauch bestreuen und auflegen.

Für 6 bis 8 Minuten auf der oberen Schiene im Backofen grillen. Die Croques sind fertig, wenn sie schön gratiniert sind und der Käse innen zerläuft. Heiß genießen.

Tipps

Stellen Sie Ihre Sauce béarnaise ganz einfach selbst her (siehe Rezept Seite 8). Statt Raclettekäse können Sie auch Reblochon verwenden, der besonders mild und zartschmelzend ist.

Der Winterliche

Süßkartoffel | Jambon de Vendée | Vacherin

Die Süßkartoffel verleiht diesem winterlichen Croque eine leichte Süße und bringt etwas Farbe ins Spiel.

Für 4 Croques
Zubereitungszeit: 25 min
Gerät der Wahl: Kontaktgrill

8 Scheiben Pain de Campagne
4 Scheiben Jambon de Vendée
1 Süßkartoffel
200 g Vacherin
3 EL Olivenöl
1 EL Currypulver
$^1/_2$ Bund Blattpetersilie
schwarzer Pfeffer
Salz

Die Süßkartoffel schälen und in 0,5 cm dicke Scheiben schneiden. Das Olivenöl in der Pfanne erhitzen, die Süßkartoffelscheiben bei mittlerer Hitze etwa 10 Minuten braten und ab und zu wenden. Das Currypulver zugeben, pfeffern, salzen und weiterbraten, bis die Scheiben gar sind. Zur Seite stellen.

Den Vacherin in 0,5 cm dicke Scheiben schneiden.

Nun zu den Croques: 4 Scheiben Pain de Campagne mit je 1 Scheibe Jambon de Vendée belegen und die Süßkartoffel- und Vacherin-Scheiben verteilen. Die zuvor gehackte Petersilie darüberstreuen und die Croques mit den restlichen 4 Brotscheiben verschließen.

Den Kontaktgrill vorheizen und mit einem Pinsel oder Küchenpapier eine dünne Schicht Olivenöl auf die Platten auftragen. Die Croques 5 Minuten lang grillen, bis die Brotscheiben anbräunen und der Vacherin zerläuft. Sofort servieren und heiß genießen.

Tipp
Variieren Sie, indem Sie die Süßkartoffel durch Butternutkürbis ersetzen oder den Vendée-Schinken durch Roastbeef.

Der aus der Auvergne

Bleu d'Auvergne | Cantal | Schinken | Champignons

Ursprünglich eine Pilzpfanne mit Champignons, Knoblauch und Basilikum, eignen sich diese Aromen der Auvergne auch wunderbar für einen Croque.

Für 4 Croques
Zubereitungszeit: 30 min
Gerät der Wahl: Backofen

8 Scheiben
Pain de Campagne
250 g Champignons
4 Scheiben Kochschinken
8 Scheiben Cantal
200 g Bleu d'Auvergne
2 Knoblauchzehen
1/2 Bund Basilikum
200 g Babyspinat
3 EL Olivenöl
schwarzer Pfeffer
Salz

Die Stielenden der Champignons entfernen, dann die Pilze in feine Scheiben schneiden und mit 2 EL Olivenöl bei mittlerer Hitze in der Pfanne dünsten. Die zuvor gehackten Knoblauchzehen zugeben und etwa 10 Minuten weiterdünsten. Den Babyspinat 3 Minuten vor Ende der Garzeit einrühren. Nach Geschmack salzen und pfeffern. Erst ganz zum Schluss die fein gehackten Basilikumblätter in die Pfanne geben. Zur Seite stellen.

Den Backofen mit Grillfunktion auf 180 °C vorheizen. Die Brotscheiben auf einer Seite mit dem Rest Olivenöl bestreichen.

Nun zu den Croques: 4 Scheiben Pain de Campagne auf ein mit Backpapier ausgelegtes Backblech legen und mit je 2 Scheiben Cantal, 1 Scheibe Kochschinken und den Champignons belegen. Die Croques mit den 4 restlichen Brotscheiben verschließen und mit dem zuvor in Scheiben geschnittenen Bleu d'Auvergne belegen.

Für 8 bis 10 Minuten auf der oberen Schiene im Backofen grillen. Die Croques sind fertig, wenn sie schön gratiniert sind und der Käse innen zerläuft. Heiß servieren und genießen.

Tipps
Variieren Sie dieses Rezept, indem sie einen geräucherten Schinken verwenden. Für eine vegetarische Variante bieten sich mit Honig karamellisierte Zwiebeln an (siehe Rezept auf Seite 10).

Der zum Dahinschmelzen

Bündnerfleisch | Raclette | Bärlauch

Dieser lecker gratinierte Croque verführt mit würzigem Raclettekäse und einer herrlichen Bärlauchnote!

Für 4 Croques
Zubereitungszeit: 25 min
Gerät der Wahl: Backofen

8 Scheiben Pain de Campagne
8 Scheiben Bündnerfleisch
400 g Babyspinat
300 g Raclettekäse
4 EL Bärlauchöl
2 EL Olivenöl
Zatar
schwarzer Pfeffer
Salz

Den Babyspinat 5 Minuten bei mittlerer Hitze mit dem Olivenöl in der Pfanne anbraten. Salzen und pfeffern und zur Seite stellen.

Den Backofen mit Grillfunktion auf 180 °C vorheizen.

Nun zu den Croques: 4 Scheiben Pain de Campagne auf ein mit Backpapier ausgelegtes Backblech legen und mit 1 bis 2 Scheiben Raclettekäse, 2 Scheiben Bündnerfleisch und einer Schicht Spinat belegen. Die Croques mit den restlichen Brotscheiben verschließen und diese mit dem restlichen Raclettekäse bedecken. Das Bärlauchöl auf den Käse träufeln und mit Zatar bestreuen.

Für 6 bis 8 Minuten auf der oberen Schiene im Backofen grillen. Die Croques sind bereit, wenn sie schön gratiniert sind und der Käse innen zerläuft. Heiß servieren.

Tipps
Machen Sie Ihr Bärlauchöl ganz einfach selbst (siehe Rezept auf Seite 8). Verwenden Sie Coppa anstelle von Bündnerfleisch oder anderes gepökeltes Fleisch, das Sie mögen. Sie können auch einen anderen Käse verwenden, der sich gut gratinieren lässt, wie zum Beispiel Reblochon.

Der mit der Pastrami

Der Getrüffelte

Der mit der Pastrami

Pastrami | Cheddar | Gurke

Dieser Croque ist *Foodporn* vom Feinsten! Ich mag besonders den Senf, der dem Croque seine süße Note verleiht und wunderbar mit den geschmorten Zitronenzwiebeln harmoniert.

Für 4 Croques
Zubereitungszeit: 25 min
Gerät der Wahl: Kontaktgrill

8 Scheiben Pain de Campagne
250 g Pastrami
300 g Cheddar, gerieben
4 EL süßsaurer Senf, z. B. Honigsenf
4 rote Zwiebeln
1 Zitrone
80 g süßsaure Gewürzgurken
2 EL Olivenöl
20 g Butter
schwarzer Pfeffer
Salz

Die Zwiebeln schälen und in feine Scheiben schneiden.

Das Olivenöl in die Pfanne geben und die Zwiebeln bei mittlerer Hitze etwa 6 Minuten anbraten. Den Zitronensaft zugeben und weitere 5 Minuten braten. Nach Geschmack salzen und pfeffern. Die Gewürzgurken der Länge nach in Scheiben schneiden. Alles zur Seite stellen.

Nun zu den Croques: 4 Scheiben Pain de Campagne mit je 1 EL Senf bestreichen, die karamellisierte Zwiebel-Zitronen-Mischung verteilen und dick mit Pastrami belegen. Dann die Gewürzgurkenscheiben auf das Fleisch legen und eine ordentliche Portion geriebenen Cheddar darübergeben. Die Croques mit den restlichen Brotscheiben verschließen.

Den Kontaktgrill vorheizen und mit dem Pinsel oder Küchenpapier ein wenig Butter auf die Platten auftragen. Die Croques ein paar Minuten grillen, bis die Brotscheiben schön gebräunt sind und der Cheddar zerläuft. Heiß genießen.

Tipps
Verwenden sie fluffiges Toastbrot oder Japanisches Milchbrot, das diese unglaubliche, wattig-weiche Textur hat. So schmeckt ihr Croque noch leckerer, und sollte es etwas zu dick geraten, können Sie es vor dem Grillen immer noch zusammendrücken!.

Der Getrüffelte

Trüffel | Brillat-Savarin | Schinken

Festlicher als dieser Croque geht es kaum! Am leckersten schmeckt er natürlich im Herbst und zu Weihnachten und Neujahr, wenn Trüffel Saison haben.

Für 4 Croques
Zubereitungszeit: 15 min
Gerät der Wahl: Pfanne

8 Scheiben Dinkelbrot
8 Scheiben Kochschinken mit Trüffel
100 g Brillat-Savarin
20 g schwarzer Trüffel (Tuber melanosporum)
20 g Butter
1 EL Olivenöl
schwarzer Pfeffer

4 Scheiben Dinkelbrot mit je 2 Scheiben Trüffelschinken belegen. Den Brillat-Savarin in feinen Scheiben hinzufügen und pfeffern. Ein paar Trüffelscheiben auf dem Schinken verteilen und die Croques mit den restlichen Brotscheiben verschließen, die zuvor etwa 1 Minute getoastet wurden.

Die Butter und das Olivenöl bei mittlerer Hitze in der Pfanne zerlassen und die Croques etwa 3 bis 5 Minuten anbraten, bis der Brillat-Savarin zu schmelzen beginnt. Wer mag, hobelt vor dem Servieren noch schnell ein paar Trüffelscheiben auf die fertigen Croques. Heiß genießen.

Natürlich kann man auch noch eine weitere Schicht Brillat-Savarin auf die Croques legen und sie 2 Minuten im Backofen gratinieren.

Tipp
Brillat-Savarin ist ein besonderer, leicht säuerlicher Käse. Falls Sie es cremiger mögen, können Sie auch einen Brie oder Camembert verwenden, aber achten Sie darauf, dass er einen cremig-hellen Kern hat, damit er nicht zu sehr zerläuft. Im Herbst werden diese drei Käsesorten auch mit Trüffelfüllung angeboten.

Der Kapitän

Haddock | Lauch | Birne

Dieses leckere Rezept rückt geräucherten Haddock – Schellfisch – ins Rampenlicht!

Für 4 Croques
Zubereitungszeit: 30 min
Gerät der Wahl: Backofen

8 Scheiben Dinkelbrot
200 g Haddock, geräuchert
400 g Crème fraîche
1 Stange Lauch
1 Zwiebel
1 Bund Schnittlauch
150 g Cheddar, gerieben
1 Zitrone
20 g Butter
3 TL Paprikapulver, geräuchert
schwarzer Pfeffer

Die Zwiebel fein hacken und den Lauch in feine Ringe schneiden (das Grün entfernen, das Weiß behalten). Den Lauch abbrausen, um mögliche Reste von Erde zu entfernen.

Für die Lauchcreme die Butter bei mittlerer Hitze in der Pfanne zerlassen und die Zwiebeln einige Minuten darin andünsten. Den Lauch zugeben und etwa 10 Minuten weiter dünsten lassen. Dann die Crème fraîche, den Cheddar und den ausgepressten Saft der Zitrone einrühren und weitere 5 Minuten köcheln lassen. Gut umrühren, nach Geschmack salzen und pfeffern und zur Seite stellen.

Nun zu den Croques. 4 Scheiben Dinkelbrot auf ein mit Backpapier ausgelegtes Backblech legen und mit je 1 EL Lauchcreme bestreichen. Die geräucherten Haddock-Scheiben verteilen, dann das geräucherte Paprikapulver und den gehackten Schnittlauch darüberstreuen. Die Croques mit den restlichen Brotscheiben verschließen, mit dem Rest der Lauchcreme bestreichen und mit dem restlichen Schnittlauch bestreuen.

Für 6 bis 8 Minuten auf der oberen Schiene im Backofen grillen. Die Croques sind fertig, wenn sie schön gratiniert sind. Heiß genießen.

Tipps
Sie können auch andere geräucherte Fischsorten wie Heilbutt verwenden und das Grün des Lauchs in einer Gemüsesuppe oder Brühe verarbeiten.

Der Elsässer

Münster | Weißkohl | Geräucherte Wurst

Ein kreativer Croque mit elsässischen Aromen.

Für 4 Croques
Zubereitungszeit: 50 min
Gerät der Wahl: Kontaktgrill

8 Scheiben
Pain de Campagne
2 Räucherwürste
400 g Weißkohl
200 g Münster
2 EL Apfelessig
15 g Mehl Type 550
30 g Butter
250 ml Vollmilch
schwarzer Pfeffer
Salz

Die Würste 10 Minuten in einem Topf mit heißem Wasser köcheln lassen, dann in circa 0,5 cm breite Scheiben schneiden.

Den Weißkohl fein schneiden und in einer Schüssel mit dem Apfelessig vermengen. Zur Seite stellen.

Die Béchamelsauce vorbereiten. Hierfür 15 g Butter bei mittlerer Hitze in einem Topf zerlassen. Mit dem Mehl bestäuben und unter ständigem Rühren anschwitzen (nicht bräunen). Milch nach und nach unter kräftigem Rühren mit dem Schneebesen zugeben. Bei schwacher Hitze etwa 10 Minuten köcheln lassen, bis die Béchamelsauce eine geschmeidige Konsistenz hat. Salzen und pfeffern.

Nun zu den Croques: 4 Scheiben Pain de Campagne mit einer dünnen Schicht Weißkohl belegen und darauf die Wurstscheiben verteilen. Mit je 1 EL Béchamelsauce bestreichen und zum Schluss mit einigen Scheiben Münsterkäse belegen. Salzen und pfeffern und die Croques mit den restlichen Brotscheiben verschließen.

Den Kontaktgrill vorheizen. Mit dem Pinsel oder Küchenpapier ein wenig Butter auf die Platten auftragen. Die Croques ein paar Minuten grillen, bis die Brotscheiben schön gebräunt sind und der Käse innen geschmolzen ist. Sofort servieren.

Tipp
Wenn sie keine geräucherte Wurst mögen, können Sie auch frische Bratwurst nehmen und diese zuvor in der Pfanne anbraten.

Der mit dem Ei

Gruyère | Ei | Schinken

Ein weiterer Klassiker der französischen Bistroküche ist neben dem Croque Monsieur der Croque Madame. Das Ei macht den Unterschied, und natürlich steht auch hier die Qualität der Zutaten an erster Stelle!

Für 4 Croques
Zubereitungszeit: 20 min
Gerät der Wahl: Backofen

8 Scheiben Toastbrot
4 TL Senf
200 g Gruyère, gerieben
4 Scheiben Kochschinken
300 g Crème fraîche
40 g Butter, gesalzen
4 Eier
3 TL Paprikapulver, geräuchert
geräucherter schwarzer Pfeffer
Fleur de Sel

Für die Gruyère-Creme die Crème fraîche, den geriebenen Gruyère und das geräucherte Paprikapulver in einer Schüssel vermengen. Nach Geschmack salzen und pfeffern. Zur Seite stellen.

Den Ofen mit Grillfunktion auf 180 °C vorheizen.

Nun zu den Croques: 4 Scheiben Toastbrot auf ein mit Backpapier ausgelegtes Backblech legen und mit je 1 TL Senf bestreichen. Dann den Kochschinken und die Gruyère-Creme verteilen und die Croques mit den restlichen Brotscheiben verschließen.

Für 6 bis 8 Minuten auf der oberen Schiene im Backofen grillen. Die Croques sind fertig, wenn sie oben schön gebräunt sind und die Gruyère-Creme innen zerläuft. Die Spiegeleier mit der Butter in der Pfanne anbraten, auf den Croques platzieren, salzen, pfeffern – et voilà!

Tipps
Die Spiegeleier nur kurz anbraten, bis das Eiweiß gerade gestockt ist, damit das Eigelb schön flüssig bleibt. Sie können auch andere Käsesorten wie Comté verwenden oder einen fruchtigen Beaufort.

Der Mexi-Croque

Huhn | Avocado | Paprika

Bei diesem leckeren Croque kontrastieren würzige Aromen mit cremig milder Avocado.

Für 4 Croques
Zubereitungszeit: 30 min
Gerät der Wahl: Backofen

8 Scheiben Pain de Campagne
400 g Hühnchenbrust
2 Avocados
160 g Cheddar, gerieben
2 Knoblauchzehen
$^1/_2$ Bund Schnittlauch
2 EL Zitronensaft
4 EL Olivenöl
1 Schalotte
30 g Butter
2 EL Paprikapulver, edelsüß
1 TL Kreuzkümmel, gemahlen
1 TL Ingwer, gemahlen
1 TL brauner Zucker
1 TL Muskatnuss, gemahlen
1 Thymianzweig
schwarzer Pfeffer
Fleur de Sel

Die Hähnchenbrust in Stücke schneiden. Die Butter in der Pfanne zerlassen und die Stücke bei mittlerer Hitze kurz anbraten, bis sie etwas Farbe bekommen. Sie sollten innen noch leicht roh sein, da sie im Ofen weitergaren. Also nicht länger als 10 Minuten anbraten. Während das Garens den braunen Zucker, den Thymian, die gemahlene Muskatnuss und 1 EL Paprikapulver zugeben. Salzen und pfeffern. Zur Seite stellen.

Die Guacamole vorbereiten. Hierfür den Knoblauch hacken und mit dem Fruchtfleisch der Avocados in einer Schüssel vermengen. Mixen und nach und nach 2 EL Olivenöl und den Zitronensaft zugeben. Salzen, pfeffern, 1 EL Paprikapulver sowie Kreuzkümmel- und Ingwerpulver zugeben. Umrühren und zur Seite stellen.

Nun zu den Croques: 4 Scheiben Pain de Campagne auf ein mit Backpapier ausgelegtes Backblech legen und mit der Guacamole bestreichen. Die Hähnchenstücke verteilen und mit geriebenem Cheddar bestreuen. Den zuvor gehackten Schnittlauch darüberstreuen und die Croques mit den restlichen Brotscheiben verschließen und mit dem Olivenöl bestreichen.

Für 6 bis 8 Minuten auf der oberen Schiene im auf 180 °C vorgeheizten Backofen grillen. Die Croques sind fertig, wenn sie schön gebräunt sind und der Cheddar zerläuft. Heiß servieren.

Tipp
Zu diesem Rezept passen auch andere leckere Gewürze, zum Beispiel geräucherter schwarzer Pfeffer und geräuchertes Paprikapulver.

Der mit dem Olé!

Chorizo | Mozzarella | Zatar

In diesem Croque gehen Spanien und Italien eine spannende Liaison mit dem Orient ein!

Für 4 Croques
Zubereitungszeit: 15 min
Gerät der Wahl: Kontaktgrill

8 Scheiben Toastbrot
120 g Chorizo
250 g Büffelmozzarella
3 EL Olivenöl
2 TL Zatar
schwarzer Pfeffer

Den Büffelmozzarella in circa 0,5 cm dicke und die Chorizo in feine Scheiben schneiden. Zur Seite stellen.

Nun zu den Croques: 4 Scheiben Toastbrot mit der Chorizo belegen und die Scheiben Büffelmozzarella verteilen, ohne dass sie über den Rand stehen. Mit Olivenöl beträufeln, eine Prise Zatar darübergeben und pfeffern. Die Croques mit den restlichen Brotscheiben verschließen.

Den Kontaktgrill vorheizen und mit dem Pinsel oder Küchenpapier etwas Olivenöl auf die Platten auftragen. Die Croques ein paar Minuten grillen, bis die Brotscheiben goldbraun sind und der Mozzarella zerläuft.

Tipp
Variieren Sie unterschiedlich scharfe Chorizo, um ihre Würze mit dem cremig-feinen Büffelmozzarella zu kontrastieren. Oder geben Sie auf den geschlossenen Croque noch etwas Mozzarella drauf, ehe sie ihn grillen.

Der mit der Pute

Pute | Mozzarella | Ricotta

Dieses Rezept mit zartschmelzendem Mozzarella macht definitiv süchtig!

Für 4 Croques
Zubereitungszeit: 25 min
Gerät der Wahl: Kontaktgrill

8 Scheiben Pain de Campagne
400 g Putenbrust
2 Avocados
2 Kugeln Büffelmozzarella
4 EL Ricotta
4 EL Olivenöl
45 g Butter
$^1/_2$ Bund Schnittlauch
1 EL Paprikapulver, geräuchert
2 TL Piment d'Espelette
schwarzer Pfeffer
Fleur de Sel

Die Putenbrust in Stücke schneiden. Die Butter in der Pfanne zerlassen und die Stücke bei mittlerer Hitze kurz anbraten (etwa 10 Minuten), bis sie Farbe bekommen, aber noch weich sind. Während das Garens das Paprikapulver zugeben. Nach Geschmack salzen und pfeffern. Umrühren und zur Seite stellen.

Den Büffelmozzarella und die Avocados in Scheiben schneiden.

Nun zu den Croques: 4 Scheiben Pain de Campagne mit je 1 EL Ricotta bestreichen, die Putenstücke verteilen und mit den Mozzarella- und den Avocadoscheiben belegen. Mit Piment d'Espelette und Schnittlauchröllchen bestreuen und mit etwas Olivenöl beträufeln. Die Croques mit den restlichen Brotscheiben verschließen.

Den Kontaktgrill vorheizen. Mit dem Pinsel oder Küchenpapier ein wenig Butter auf die Platten auftragen. Die Croques ein paar Minuten grillen, bis sie schön gebräunt sind und der Mozzarella innen zerläuft. Sofort servieren und heiß genießen.

Tipp
Wenn Sie Ihren Croque aus der Hand essen möchten, können Sie ihn zuvor diagonal teilen.

Der mit den Muscheln

Herzmuscheln | Champignons

Eine herrliche Kombination, die nach Meer und Freiheit duftet.

Für 4 Croques
Zubereitungszeit: 2 h 30 min (inklusive Ruhezeit)
Gerät der Wahl: Backofen

8 Scheiben Pain de Campagne
1 kg Herzmuscheln
250 g Champignons
3 Knoblauchzehen
½ Bund Blattpetersilie
80 g Comté, gerieben
200 g Bleu d'Auvergne
300 g Frischkäse
80 g getrocknete Tomaten
3 EL Olivenöl
20 g Butter
schwarzer Pfeffer
Salz
grobes Salz

Die Herzmuscheln in einer Schüssel mit Wasser bedecken (auf 1 Liter 35 g grobes Salz geben), 2 Stunden wässern lassen, dann abtropfen. Die Muscheln mit etwas Butter in einen Topf geben und bei starker Hitze kochen, bis sie sich öffnen. Die Muscheln aus der Schale lösen und zur Seite stellen. Diejenigen Muscheln, die sich nicht öffnen, müssen entsorgt werden.

Die Stielenden der Champignons entfernen und die Pilze in Scheiben schneiden. Mit dem Olivenöl und dem gehackten Knoblauch bei mittlerer Hitze in der Pfanne andünsten. Salzen und pfeffern und etwa 10 Minuten weiterdünsten. Die Muscheln hinzufügen, umrühren und die gehackte Blattpetersilie zugeben.

Die getrockneten Tomaten hacken und mit dem Frischkäse in einer Schüssel vermengen.

Nun zu den Croques: 4 Scheiben Pain de Campagne auf ein mit Backpapier ausgelegtes Backblech legen und mit der Tomaten-Frischkäse-Creme bestreichen. Die Muschel-Champignon-Mischung darauf verteilen. Jeweils eine Handvoll geriebenen Comté zugeben, dann die Croques mit den restlichen Brotscheiben verschließen und mit den Bleu d'Auvergne-Scheiben belegen.

5 bis 8 Minuten auf der oberen Backofenschiene grillen, bis sie schön gratiniert sind und der Käse zerläuft. Heiß servieren.

Tipp

Bereiten Sie Ihre eigene Petersilienbutter zu, indem Sie weiche oder flüssige Butter mit gehackter Petersilie verrühren und die Brotscheiben vorab dünn mit der Mischung bestreichen oder sie kurz darin einweichen.

Ein (un)gleiches Paar

Der mit der Schalotte

Ein (un)gleiches Paar

Forelle | Meerrettich | Cheddar

Meerrettich ist vielleicht nicht jedermanns Sache, harmoniert aber vorzüglich mit allen geräucherten Forellenarten. Lassen Sie sich diese Kombination nicht entgehen!

Für 4 Croques
Zubereitungszeit: 25 min
Gerät der Wahl: Kontaktgrill

8 Scheiben Toastbrot
4 Forellenfilets
160 g Cheddar, gerieben
2 EL Meerrettich
4 EL Crème fraîche
1/2 Bund Dill
1 Zitrone
30 g Butter
1 TL Piment d'Espelette
schwarzer Pfeffer

Die Meerrettichcreme vorbereiten. Hierfür in einer Schüssel den Meerrettich mit 2 EL Crème fraîche, dem Zitronensaft und dem zuvor gehackten Dill vermengen. Zur Seite stellen.

Die Cheddar-Creme vorbereiten. In einer Schüssel 2 EL Crème fraîche mit dem geriebenen Cheddar und Piment d'Espelette vermengen. Pfeffern, aber nicht salzen, da der Cheddar und die Forelle bereits salzig genug sind.

Nun zu den Croques: 4 Scheiben Toastbrot mit je 1 EL Meerrettichcreme bestreichen, dann den Fisch verteilen, die Filets je nach Größe eventuell teilen, und mit je einem 1 EL Cheddar-Creme bestreichen. Die Croques mit den restlichen Brotscheiben verschließen.

Den Kontaktgrill vorheizen und mit dem Pinsel oder Küchenpapier ein wenig Butter auf die Platten auftragen. Die Croques ein paar Minuten grillen, bis die Brotscheiben schön gebräunt sind und die Cheddar-Creme zerläuft. Sofort servieren und heiß genießen.

Tipps
Sie können auch Räucherlachs nehmen, aber geräucherte Forelle ist magerer und zarter im Geschmack. Oder verwenden Sie Mimolette statt Cheddar, der auch wunderbar mit der Forelle harmoniert.

Der mit der Schalotte

Schinken | Schalotte | Ziege

Dieser Croque bietet eine schöne Kombination an Aromen, mit der man nichts falsch machen kann, wobei die Schalotte für den nötigen Piff sorgt!

Für 4 Croques
Zubereitungszeit: 20 min
Gerät der Wahl: Kontaktgrill

8 Scheiben Toastbrot
4 Scheiben Kochschinken
200 g Crème fraîche
150 g Comté, gerieben
1 Schalotte
1 cremige Ziegenkäserolle, kein Ziegenfrischkäse
200 g Babyspinat
schwarzer Pfeffer
Zatar

Den Babyspinat mit einem Klecks Butter 5 Minuten in der Pfanne bei mittlerer Hitze dünsten.

Die Schalottencreme vorbereiten. Hierfür die Schalotte schälen und fein hacken, in eine Schüssel geben und mit der Crème fraîche und dem geriebenen Comté vermengen. Nach Geschmack pfeffern. Zur Seite stellen.

Nun zu den Croques: 4 Scheiben Toastbrot jeweils mit einer Schicht Babyspinat, 4 Scheiben Ziegenkäserolle und 1 Scheibe Schinken belegen. Den Belag mit 1 EL Schalottencreme bestreichen und mit Zatar bestreuen. Die Croques mit den restlichen Brotscheiben verschließen.

Den Kontaktgrill vorheizen. Mit dem Pinsel oder Küchenpapier etwas Butter auf die Platten auftragen. Die Croques ein paar Minuten grillen, bis die Brotscheiben schön gebräunt sind und die Comté-Creme zerläuft. Sofort servieren und heiß genießen.

Tipp
Als Variante können Sie den Ziegenkäse auch auf die Croques legen und diese etwa 10 Minuten auf der oberen Schiene im auf 180 °C vorgeheizten Backofen backen, bis der Käse gratiniert ist.

À la Bollywood

Pastrami | Kreuzkümmel | Cheddar

Dieses originelle Rezept kombiniert Pastrami mit einem indisch angehauchten Zwiebelconfit zu einem wahrhaft außergewöhnlichen Hochgenuss!

Für 4 Croques
Zubereitungszeit: 30 min
Gerät der Wahl: Backofen

8 Scheiben Toastbrot
250 g Pastrami
2 EL Crème fraîche
4 EL Savora-Senf
150 g Cheddar, gerieben
3 Zwiebeln
4 EL Olivenöl
2 TL Kreuzkümmel, gemahlen
schwarzer Pfeffer
Fleur de Sel

Die Zwiebeln schälen, in feine Scheiben schneiden und mit dem Olivenöl etwa 1 Minute in der Pfanne anbraten. Bei schwacher Hitze weitere 15 Minuten schmoren, dabei ab und zu umrühren. Salzen, pfeffern, den gemahlenen Kreuzkümmel zugeben und ein letztes Mal umrühren. Zur Seite stellen.

Den Backofen mit Grillfunktion auf 180 °C vorheizen.

Für die Savora-Creme in einer Schüssel die Crème fraîche mit dem Savora-Senf vermengen.

Nun zu den Croques: 4 Scheiben Toastbrot auf ein mit Backpapier ausgelegtes Backblech legen und nacheinander das Zwiebelconfit, die Pastrami und den geriebenen Cheddar verteilen. Die Croques mit den restlichen Brotscheiben verschließen und großzügig mit der Savora-Creme bestreichen.

Für 6 bis 8 Minuten auf der oberen Schiene im Backofen grillen. Die Croques sind fertig, wenn sie schön gratiniert sind und der Cheddar innen zerläuft. Heiß genießen.

Tipp
Zu diesem Rezept harmonieren auch rote Zwiebeln.

Anno 1910

Schinken | Comté | Crème

Das ist der allererste Croque, den ich gemacht habe! Meine Großmutter hat ihn so zubereitet, mit einer Käsekruste, die so lecker ist, dass man das Teil mit einem Happs verschlingen möchte!

Für 4 Croques
Zubereitungszeit: 15 min
Gerät der Wahl: Backofen

8 Scheiben Pain de Campagne
4 Scheiben Kochschinken
400 g Comté, gerieben
400 g Crème fraîche
40 g Butter, gesalzen
1 EL Aceto balsamico
3 TL Paprikapulver, geräuchert
geräucherter schwarzer Pfeffer

Für die Comté-Creme in einer Schüssel die Crème fraîche, den Aceto balsamico, 150 g des geriebenen Comté und das geräucherte Paprikapulver vermengen. Nach Geschmack salzen und pfeffern. Zur Seite stellen.

Den Backofen mit Umluft vorheizen auf 180 °C.

Nun zur Zubereitung. 4 Scheiben Pain de Campagne auf ein mit Backpapier ausgelegtes Backblech legen, buttern und jeweils mit einer Scheibe Kochschinken belegen. Den restlichen geriebenen Comté verteilen und die Croques mit den übrigen Brotscheiben verschließen. Die Comté-Creme großzügig auf den Croques verstreichen. Die Schicht darf ruhig dick sein, da sie während des Grillens ins Brot zerläuft und dafür sorgt, dass die Croques schön knusprig werden.

Für 8 bis 10 Minuten auf der oberen Schiene im Backofen grillen. Die Croques sind fertig, wenn sie eine schöne goldbraune Kruste haben. Heiß genießen.

Tipps

Der Aceto balsamico ist nicht zwingend erforderlich, verleiht der Creme aber das gewisse Etwas. In Sachen Gewürze mag ich den rauchigen Geschmack des Paprikas und des Pfeffers, der dem Ganzen eine rustikal-holzige Note verleiht. Sie können die Comté-Creme auch durch eine Béchamelsauce ersetzen und sich an die traditionelle Croque-Monsieur-Rezeptur halten.

Der Baske

Bayonne-Schinken | Tomme de Brebis | Kirschen

Ein salzig-süßer Croque mit den typischen Aromen aus dem Baskenland!

Für 4 Croques
Zubereitungszeit: 15 min
Garmethode: Kontaktgrill

8 Scheiben Dinkelbrot
4 EL Schwarzkirsch-Konfitüre
4 Scheiben Bayonne-Schinken
200 g Tomme de Brebis
2 EL Olivenöl
$^1/_4$ Bund Schnittlauch
1 TL Piment d'Espelette
schwarzer Pfeffer

4 Scheiben Dinkelbrot jeweils mit 1 EL Schwarzkirsch-Konfitüre bestreichen, dann mit dem Bayonne-Schinken und mehreren Scheiben Tomme de Brebis belegen. Den zuvor in Röllchen geschnittenen Schnittlauch und das Piment d'Espelette darüberstreuen und die Croques mit den restlichen Brotscheiben verschließen.

Den Kontaktgrill vorheizen und mit dem Pinsel oder Küchenpapier eine dünne Schicht Olivenöl auf die Platten auftragen. Die Croques ein paar Minuten grillen, bis die Brotscheiben schön gebräunt sind und der Tomme de Brebis zerläuft. Sofort servieren und heiß genießen.

Tipp
Auch mit einem anderen baskischen Käse und pikanter Chorizo können Sie variieren und dem Rezept einen authentisch iberischen Touch verleihen.

Wenn Popeye Engländer wäre

Rucola | Champignons | Cheddar

Ein üppig mit Cheddar, karamellisierten Zwiebeln, gebratenen Champignons und Rucola belegter Croque ist immer eine gute Wahl.

Für 4 Croques
Zubereitungszeit: 40 min
Gerät der Wahl: Backofen

8 Scheiben Pain de Campagne
500 g Champignons
400 g Rucola
300 g Cheddar, gerieben
30 g Pinienkerne
25 g Butter
2 gelbe Zwiebeln
2 EL Honig
2 EL Olivenöl
schwarzer Pfeffer
Salz

Die Zwiebeln in feine Scheiben schneiden. Das Olivenöl in der Pfanne erhitzen, dann die Zwiebeln und den Honig hinzufügen. Das Ganze 10 Minuten karamellisieren lassen und dabei ab und zu umrühren, bis die Zwiebeln eine zartschmelzende Konsistenz haben. Zur Seite stellen.

Die Stielenden der Champignons entfernen und die Pilze in feine Scheiben schneiden. Die Butter in der Pfanne zerlassen, die Pilze hineingeben, salzen und pfeffern, umrühren und etwa 5 Minuten kräftig anbraten.

Die Pinienkerne in einer Pfanne ohne Fett rösten und darauf achten, dass sie nicht zu dunkel werden.

Nun zu den Croques: 4 Scheiben Pain de Campagne auf ein mit Backpapier ausgelegtes Backblech legen und mit den karamellisierten Zwiebeln, den gebratenen Pilzen, dem geriebenen Käse (etwa 50 g pro Croque), den Pinienkernen und dem Rucola belegen. Die Croques mit den restlichen Brotscheiben verschließen und den Rest Cheddar darauf verteilen.

Für 5 bis 8 Minuten auf der oberen Schiene im Backofen grillen. Die Croques sind fertig, wenn sie schön gratiniert sind. Heiß servieren und genießen.

Tipps
Für diesen Croque können Sie auch Brioche oder Toastbrot verwenden, wenn Sie es etwas weicher mögen. Oder machen Sie daraus den perfekten Nachmittagssnack – in Streifen geschnitten und auf einem Holzbrett präsentiert, wird garantiert niemand widerstehen können!

Der mit dem Gouda

Champignons | Zwiebeln | Gouda

Champignons, ein gut gereifter Gouda, würzig geschmorte Zwiebeln und Dinkelbrot – mehr braucht es nicht, um ein leckeres und schnelles Abendessen zu zaubern. Als Beilage empfehle ich einen grünen Salat.

Für 4 Croques
Zubereitungszeit: 30 min
Gerät der Wahl: Backofen

8 Scheiben Dinkelbrot
250 g Champignons
150 g Gouda, gerieben
4 gelbe Zwiebeln
4 EL Olivenöl
30 g Butter
1 TL Paprikapulver, geräuchert
1 TL Zatar
schwarzer Pfeffer
Salz

Die Zwiebeln schälen und in feine Streifen schneiden. Das Olivenöl in die Pfanne geben und die Zwiebeln 2 Minuten anbraten, dann weitere 10 Minuten bei schwacher Hitze mit dem geräucherten Paprikapulver und Zatar schmoren. Ab und zu umrühren, salzen, pfeffern und zur Seite stellen.

Die Stielenden der Champignons entfernen und die Pilze in feine Scheiben schneiden.

Nun zu den Croques: 4 zuvor getoastete Scheiben Dinkelbrot mit einer Schicht geriebenem Gouda, geschmorten Zwiebeln und rohen Champignonscheiben belegen. Den restlichen Gouda verteilen und die Croques mit den übrigen Brotscheiben verschließen. Vor dem Backen leicht zusammendrücken.

Die Butter in der Pfanne zerlassen und die Croques 5 bis 10 Minuten anbraten, bis der Gouda zu zerlaufen beginnt. Heiß genießen.

Tipps
Bedecken Sie ihren Croque mit Alufolie, damit der Gouda in der Pfanne schneller schmilzt. Die silbrige Seite sollte dabei nach unten zeigen, da sie die Wärme reflektiert, während die stumpfe Seite die Wärme eher durchlassen würde.

Der mit der Asche

Morbier | Spinat | Champignons

Dieses Rezept mit Morbier (dem Käse mit dem berühmten grauen Aschestreifen in der Mitte), Champignons und Babyspinat ist großes Kino – und jede Diätsünde wert! Ich liebe es!

Für 4 Croques
Zubereitungszeit: 20 min
Gerät der Wahl: Kontaktgrill

8 Scheiben Toastbrot
300 g Champignons
200 g Babyspinat
120 g Morbier
1 gelbe Zwiebel
2 EL Olivenöl
40 g Butter
2 TL Piment d'Espelette
Zatar
schwarzer Pfeffer
Salz

Die Stielenden der Champignons entfernen und die Pilze in feine Scheiben schneiden. 2 EL Olivenöl in der Pfanne erhitzen und die Hälfte der Pilze andünsten. Die Zwiebel schälen, in feine Scheiben schneiden und zu den Pilzen geben. Weitere 10 Minuten dünsten lassen. 3 Minuten vor Ende der Garzeit den Babyspinat zugeben, salzen, pfeffern und etwas Piment d'Espelette darüberstreuen. Zur Seite stellen.

Nun zu den Croques: 4 Scheiben Toastbrot mit jeweils einer Schicht Champignon-Babyspinat-Mischung, rohen Champignons und zwei Scheiben Morbier belegen. Mit Zatar bestreuen, dann die Croques mit den restlichen Brotscheiben verschließen.

Den Kontaktgrill vorheizen. Mit dem Pinsel oder Küchenpapier ein wenig Butter auf die Platten auftragen. Die Croques ein paar Minuten grillen, bis die Brotscheiben goldbraun sind und der Morbier zerläuft.

Tipps
Geben Sie beim Anbraten der Champignons eine gehackte Knoblauchzehe hinzu, um den Geschmack der Pilze zu unterstreichen. Statt Morbier können Sie auch einen Ziegenkäse wie Crottin de Chavignol ausprobieren, der genauso gut zu diesem Rezept passt!

LE RÉGAL

Der aus dem Südwesten

Entenconfit | Senf | Cheddar

Dieser Croque aus dem Südwesten Frankreichs besticht mit salzig-süßen Aromen!

Für 4 Croques
Zubereitungszeit: 45 min
Gerät der Wahl: Kontaktgrill

8 Scheiben Pain de Campagne
2 Confit de Canard (aus der Dose)
2 EL Crème fraîche
4 EL süßsaurer Senf, z. B. Honig-Senf
300 g Cheddar, gerieben
4 rote Zwiebeln
1 Zitrone
2 Äpfel, Golden Delicious
3 EL Olivenöl
20 g Butter
schwarzer Pfeffer
Fleur de Sel

Die Zwiebeln schälen, in Scheiben schneiden und etwa 1 Minute mit dem Olivenöl in der Pfanne anbraten. Den Zitronensaft hinzufügen und bei schwacher Hitze etwa 10 Minuten schmoren lassen, dabei ab und zu umrühren. Zur Seite stellen.

Die Äpfel schälen, entkernen, vierteln und würfeln. Mit der Butter bei mittlerer Hitze 5 bis 10 Minuten in der Pfanne braten, bis sie weich sind, aber noch kein Kompott. Pfeffern und zur Seite stellen.

Die Entenkeulen mit der Gabel zerzupfen und zur Seite stellen. In einer Schüssel die Crème fraîche, den süßsauren Senf und 100 g des geriebenen Cheddars vermengen.

Nun zu den Croques: 4 Scheiben Pain de Campagne auf ein mit Backpapier ausgelegtes Backblech legen und die geschmorten Zitronenzwiebeln, die Apfelstücke, das Entenfleisch und den Rest des Cheddars verteilen. Die Croques mit den restlichen Brotscheiben verschließen und die Deckel großzügig mit der Senfcreme bestreichen. Für 5 bis 8 Minuten bei 180 °C auf der oberen Schiene im Backofen grillen. Die Croques sind fertig, wenn sie schön gratiniert sind und der Cheddar innen zerläuft. Heiß servieren und genießen.

Tipp
Bringen Sie andere Aromen ins Spiel, indem Sie dieses Rezept mit Pulled Pork variieren.

Der Verführer

Der aus der
Franche-Comté

Der Verführer

Jambon de Vendée | Fourme d'Ambert | Walnuss

Lassen Sie sich von diesem Croque mit zerlaufenem Fourme d'Ambert verführen – Sie werden es nicht bereuen!

Für 4 Croques
Zubereitungszeit: 15 min
Gerät der Wahl: Kontaktgrill

8 Scheiben Toastbrot
8 Scheiben Jambon de Vendée
200 g Fourme d'Ambert
2 EL Olivenöl
40 g Walnüsse
20 g Butter
schwarzer Pfeffer

Den Fourme d'Ambert in circa 0,5 cm breite Scheiben schneiden und die Walnüsse grob hacken.

Nun zu den Croques: 4 Scheiben Toastbrot mit jeweils 2 Scheiben Jambon de Vendée belegen und diese, wenn möglich, nicht über den Rand stehen lassen. Dann die Fourme d'Ambert-Scheiben und die gehackten Walnüsse verteilen, das Olivenöl darüberträufeln und die Croques mit den restlichen Brotscheiben verschließen.

Den Kontaktgrill vorheizen und mit dem Pinsel oder Küchenpapier ein wenig Butter auf die Platten auftragen. Die Croques ein paar Minuten grillen, bis die Brotscheiben goldbraun sind und der Fourme d'Ambert innen zerläuft. Sofort servieren und heiß genießen.

Tipps
Sie können auch anderen Rohschinken oder gebratenen Bacon verwenden oder eine Handvoll Babyspinat auf jedem Croque verteilen. Frische Feigen oder Feigenconfit passen ebenfalls hervorragend zu Blauschimmelkäse. Toben Sie sich aus!

Der aus der Franche-Comté

Morcheln | Crème fraîche | Comté

Dieser Croque interpretiert einen der Klassiker aus der Franche-Comté – Croûte aux morilles - mit vielen frischen Kräutern neu!

Für 4 Croques
Zubereitungszeit: 2 h 40 min (inklusive Ruhezeit)
Gerät der Wahl: Backofen

8 Scheiben Pain de Campagne
100 g getrocknete Morcheln (oder etwas weniger, je nach Budget)
1 Schalotte
1 Knoblauchzehe
400 g Crème fraîche
300 g Comté, gerieben
25 g Butter
1/2 Bund Blattpetersilie
1/2 Bund Schnittlauch
1/2 Bund Basilikum
schwarzer Pfeffer

Die Morcheln in eine Schüssel geben, mit lauwarmem Wasser bedecken und 2 Stunden einweichen lassen. Danach gut abbrausen, um mögliche Erd- und Sandreste zu entfernen, und abtropfen lassen. Die Schalotte fein hacken und mit der zerlassenen Butter bei mittlerer Hitze dünsten. Die Morcheln und den gehackten Knoblauch zugeben und weitere 10 Minuten dünsten lassen. Ab und zu umrühren, die Crème fraîche zugeben und 10 Minuten bei kleiner Flamme köcheln lassen. 200 g geriebenen Comté zugeben, umrühren und 5 Minuten köcheln lassen. Zur Seite stellen

Nun zu den Croques: 4 Scheiben Pain de Campagne auf ein mit Backpapier ausgelegtes Backblech legen und jeweils mit einer Schicht Morchel-Comté-Creme bestreichen. Großzügig mit den frischen gehackten Kräutern bestreuen (dabei aber etwas vom Schnittlauch übriglassen). Die Croques mit den restlichen Brotscheiben verschließen und mit dem Rest Schnittlauch bestreuen.

Für 8 bis 10 Minuten auf der oberen Schiene im Backofen grillen. Die Croques sind fertig, wenn sie schön gratiniert sind und die Morchel-Comté-Creme innen zerläuft. Heiß servieren und genießen.

Tipps
Als günstigere, aber ebenso schmackhafte Alternative können Sie auch auf eine Pilzmischung (getrocknet oder frisch) zurückgreifen. Bei großen Brotscheiben bietet es sich immer an, die Croques in appetitliche Streifen zu schneiden und zusammen mit Freunden bei einem Glas Wein zu genießen.

Der mit dem Brie

Brie de Meaux | Babyspinat | Champignons

Mit Estragonbutter bestrichene Toastscheiben, vollmundig-würziger Brie de Meaux, eine herzhafte Champignon-Spinat-Mischung, cremige Béchamelsauce - dieser Croque lässt keine Wünsche offen.

Für 4 Croques
Zubereitungszeit: 35 min
Gerät der Wahl: Backofen

8 Scheiben Toastbrot
150 g Brie de Meaux
150 g Babyspinat
200 g Champignons
50 g Comté, gerieben
1/4 Bund Estragon
2 EL Olivenöl
15 g Mehl Type 550
40 g Butter
250 ml Milch
1 TL Paprikapulver, mild
schwarzer Pfeffer
Fleur de Sel

Die Stielenden der Champignons entfernen und die Pilze in feine Scheiben schneiden. 2 EL Olivenöl in der Pfanne erhitzen und die Pilze bei mittlerer Hitze dünsten. Salzen, pfeffern, den Babyspinat zugeben und 10 Minuten dünsten lassen. Zur Seite stellen.

Die Béchamelsauce vorbereiten. Hierfür 15 g Butter bei mittlerer Hitze in einem Topf zerlassen. Mit dem Mehl bestäuben und unter ständigem Rühren anschwitzen (nicht bräunen). Milch nach und nach unter kräftigem Rühren mit dem Schneebesen zugeben. Bei schwacher Hitze etwa 10 Minuten köcheln lassen, bis die Béchamelsauce eine geschmeidige Konsistenz hat. Salzen, pfeffern und das Paprikapulver zugeben. Zur Seite stellen. Die Butter schmelzen und mit dem gehackten Estragon verrühren.

Nun zu den Croques: 4 Scheiben Toastbrot auf ein mit Backpapier ausgelegtes Backblech legen und mit der Estragonbutter bestreichen. Eine großzügige Schicht Béchamelsauce auftragen, die Pilz-Spinat-Mischung zugeben und mit den Briescheiben belegen. Die Croques mit den restlichen Brotscheiben verschließen und mit dem geriebenen Comté bestreuen.

Für 6 bis 8 Minuten auf der oberen Schiene im Backofen grillen. Die Croques sind fertig, wenn sie schön gratiniert sind und der Brie innen zerläuft. Heiß servieren und genießen.

Tipp
Für etwas Crunch können Sie zusätzlich gehackte Mandeln in der Pfanne anrösten und auf dem Brie verteilen.

Der mit dem Mascarpone

Rohschinken | Mascarpone | Champignons

In diesem Rezept gehen Champignons, Mascarpone und geröstete Haselnüsse eine verführerisch-zarte Allianz ein.

Für 4 Croques
Zubereitungszeit: 30 min
Gerät der Wahl: Backofen

8 Scheiben Pain de Campagne
4 Scheiben Rohschinken
250 g Champignons
200 g Mascarpone
2 Knoblauchzehen
$^{1}/_{2}$ Bund Schnittlauch
100 g Comté, gerieben
40 g Haselnüsse, ganz
2 EL Olivenöl
1 TL Chipotle-Chilipulver
schwarzer Pfeffer
Fleur de Sel

Die Stielenden der Champignons entfernen und die Pilze in feine Scheiben schneiden. Das Olivenöl in der Pfanne erhitzen, den zuvor gehackten Knoblauch zugeben und bei mittlerer Hitze dünsten lassen. Salzen, pfeffern, das Chipotle-Chilipulver zugeben und etwa 10 Minuten weiterdünsten. Den Mascarpone einrühren und zur Seite stellen.

Den Backofen mit Grillfunktion auf 180 °C vorheizen.

Die Haselnüsse grob hacken und auf ein mit Backpapier ausgelegtes Backblech verteilen. 5 bis 10 Minuten rösten, dabei mehrmals mit dem Holzlöffel umrühren und warten, bis sie Farbe bekommen und zu duften beginnen.

Nun zu den Croques: 4 Scheiben Pain de Campagne auf das soeben verwendete, mit Backpapier ausgelegte Backblech legen, jeweils mit einer Scheibe Rohschinken belegen und die Champignon-Mascarpone-Creme großzügig auf den Scheiben verteilen. Den gehackten Schnittlauch und die Haselnüsse darüberstreuen, die Croques mit den restlichen Brotscheiben verschließen und den geriebenen Comté auf den Deckeln verteilen.

Für 6 bis 8 Minuten auf der oberen Schiene im Backofen grillen. Die Croques sind fertig, wenn sie schön gratiniert sind und die Champignon-Mascarpone-Creme innen zerläuft. Heiß genießen.

Tipp
Geben Sie diesem Rezept Ihre ganz persönliche Note, indem Sie die Champignon-Mascarpone-Creme mit Ihren Lieblingsgewürzen zubereiten!

Der mit der Haselnuss

Schokoaufstrich | Pralin | Haselnuss

Dieser schnell zubereitete Croque hat alles, was das Herz begehrt: buttrige Brioche, cremigen Schokoaufstrich und geröstete Haselnüsse!

Für 4 Croques
Zubereitungszeit: 30 min
Gerät der Wahl: Backofen

8 Scheiben Brioche
8 EL Schokoaufstrich
50 g ganze Haselnüsse
4 TL Pralin (oder gemahlenes Krokant)
40 g Butter

Den Backofen mit Umluft auf 180 °C vorheizen. Die Haselnüsse grob hacken, auf ein mit Backpapier ausgelegtes Backblech verteilen und 5 bis 10 Minuten rösten. Mehrmals mit dem Holzlöffel umrühren und warten, bis sie Farbe bekommen und zu duften beginnen.

Nun zu den Croques: 4 Scheiben Brioche großzügig mit dem Schokoaufstrich bestreichen, dann das Pralin und die gehackten Haselnüsse darauf verteilen. Die Croques mit den restlichen Briochescheiben verschließen.

Den Kontaktgrill vorheizen und mit dem Pinsel oder Küchenpapier ein wenig Butter auf die Platten auftragen. Die Croques ein paar Minuten grillen, bis die Briochescheiben goldbraun sind. Sofort servieren und heiß genießen.

Tipp
Sie können Ihre Haselnusscreme auch ganz einfach selbst herstellen (siehe Seite 9) oder einen Aufstrich kaufen, der mindestens 40 % Haselnüsse enthält.

Der Bretone

Zurück in die Kindheit

Der Bretone

Äpfel | Salzkaramell

Gebratener Apfel, flüssiges Salzkaramell, ein Hauch Tonkabohne – dieser Croque mit bretonischem Touch ist ein echter Hochgenuss!

Für 4 Croques
Zubereitungszeit: 20 min
Gerät der Wahl: Pfanne

8 Scheiben Brioche
3 Äpfel, Golden Delicious
4 EL Salzkaramell
40 g Butter
1 Tonkabohne

Die Äpfel schälen, entkernen, vierteln und würfeln. Mit 20 g Butter bei mittlerer Hitze etwa 10 Minuten in der Pfanne anbraten, bis sich die Apfelstücke leicht verfärben. Sie sollten weich, aber kein Kompott sein. Zur Seite stellen.

Nun zu den Croques: 4 Briochescheiben mit den angebratenen Apfelstücken belegen, jeweils 1 EL Salzkaramell hinzufügen und etwas Tonkabohne darüberreiben.

Die Croques in zwei Pfannen anbraten. Hierfür die restliche Butter in der Pfanne zerlassen und die 4 Briochescheiben bei mittlerer Hitze gute 5 Minuten anbraten, bis das Brot unten knusprig wird.

Parallel die anderen 4 Briochescheiben von beiden Seiten anbraten, dann die Croques auf einem Teller anrichten. Heiß genießen.

Tipps
Bereiten Sie ihr eigenes Salzkaramell zu (siehe Rezept Seite 9), oder verwenden Sie andere Apfelsorten, zum Beispiel Boskop, Elstar, Braeburn – oder mischen Sie verschiedene Sorten! Die Tonkabohne können Sie auch weglassen, verleiht ihrem Croque aber eine feine Vanillenote.

Zurück in die Kindheit

Nektarine | Confiture de Lait

Confiture de Lait (Milchkonfitüre mit Karamellgeschmack) ist weniger süß als Karamell und harmoniert wunderbar mit den kurz angebratenen Nektarinen. Ihre Gäste werden sich die Finger lecken!

Für 4 Croques
Zubereitungszeit: 15 min
Garzeit: 10 min
Gerät der Wahl: Kontaktgrill

8 Scheiben Brioche
4 Nektarinen
4 EL Confiture de Lait
40 g Butter, gesalzen
20 g Butter

Die Nektarinen ungeschält vierteln, die gesalzene Butter in der Pfanne zerlassen und die Viertel 5 Minuten bei mittlerer Hitze anbraten.

Die Briochescheiben kurz im Toaster toasten.

Nun zu den Croques: 4 Briochescheiben mit ein paar Nektarinenvierteln belegen, jeweils 1 EL Confiture de Lait darübergeben und die Croques mit den restlichen Briochescheiben verschließen.

Den Kontaktgrill vorheizen und mit dem Pinsel oder Küchenpapier ein wenig Butter auf die Platten auftragen. Die Croques ein paar Minuten grillen, bis die Briochescheiben goldbraun sind und die Confiture de Lait zerläuft. Lauwarm genießen.

Tipp
Sorgen Sie für einen Frische-Kick, indem sie die Nektarinen zusammen mit Kräutern wie Thymian, Minze oder Lavendel anbraten.

Der Normanne

Apfel | Camembert | Calvados

Hier treffen Äpfel, Camembert und Calvados aufeinander. Kein Zweifel, wir sind in der Normandie angelangt!

Für 4 Croques
Zubereitungszeit: 30 min
Gerät der Wahl: Pfanne

8 Scheiben Pain de Campagne
3 Äpfel, Boskop
1 Camembert
30 g Butter
2 EL Calvados
1 EL Honig
etwas Schnittlauch
ein paar Walnüsse
schwarzer Pfeffer

Die Äpfel schälen, entkernen und würfeln. Etwas Butter in der Pfanne zerlassen und die Würfel bei mittlerer Hitze einige Minuten mit dem Honig anbraten, bis sie weich sind und Farbe bekommen haben. Den Calvados hinzufügen und flambieren. Zur Seite stellen. Dieselbe Pfanne später für die Croques verwenden. Da später in der Pfanne flambiert wird, keine beschichtete Pfanne verwenden.

Den Camembert in Scheiben schneiden, den Schnittlauch in feine Röllchen und die Walnüsse grob hacken.

Nun zu den Croques: 4 Scheiben Pain de Campagne mit den Apfelstücken und Camembert-Scheiben belegen. Dann den Schnittlauch und die Walnüsse verteilen, leicht pfeffern und die Croques mit den restlichen Brotscheiben verschließen, die zuvor 1 Minute getoastet wurden.

Die restliche Butter bei mittlerer Hitze in der Pfanne zerlassen. Die Croques hineingeben und 5 bis 10 Minuten braten lassen, bis der Camembert zerläuft. Heiß servieren und genießen.

Tipps
Für einen kräftigeren Geschmack empfehle ich einen gut gereiften Camembert aus Rohmilch. Am besten eignen sich Äpfel der Sorte Boskoop, sie sind süß-säuerlich im Geschmack und ausgezeichnet zum Kochen geeignet.

À la Williams

Birne | Fourme d'Ambert | Walnüsse

Dieser salzig-süße Croque hat alles, was man sich nur wünschen kann und stellt ein für alle Mal klar, wie hervorragend Birne und Blauschimmelkäse, wie zum Beispiel Bleu d'Auvergne oder Fourme d'Ambert, zusammenpassen!

Für 4 Croques
Zubereitungszeit: 15 min
Gerät der Wahl: Kontaktgrill

8 Scheiben Toastbrot
2 Birnen, Williams Christ
200 g Fourme d'Ambert
30 g Butter
40 g Walnüsse
schwarzer Pfeffer

Die Birnen schälen und in Scheiben schneiden. Den Fourme d'Ambert in circa 0,5 cm dicke Scheiben schneiden.

Nun zu den Croques: 4 Scheiben Toastbrot buttern, mit den Birnen- und Fourme d'Ambert-Scheiben belegen und die gehackten Walnüsse verteilen. Pfeffern und die Croques mit den restlichen Brotscheiben verschließen.

Den Kontaktgrill vorheizen und mit dem Pinsel oder Küchenpapier ein wenig Butter auf die Platten auftragen. Die Croques ein paar Minuten grillen, bis die Brotscheiben goldbraun sind und der Fourme d'Ambert innen zerläuft. Sofort servieren.

Tipp
Neben der Sorte Williams Christ eignet sich auch die Sorte Guyot sehr gut für dieses Rezept. Verwenden Sie grundsätzlich feste Birnen, damit sie beim Garen ihre Form behalten.

Der mit den Feigen

Feige | Gorgonzola

Dieses Rezept sollten Sie unbedingt im September ausprobieren, wenn Feigen Saison haben. Die Kombination aus würzigem Gorgonzola und süßen, gebratenen Feigen ist ein absoluter Traum!

Für 4 Croques
Zubereitungszeit: 25 min
Gerät der Wahl: Backofen

8 Scheiben
Pain de Campagne
16 frische Feigen
300 g Gorgonzola
1 EL Honig
40 g Rucola
4 EL Olivenöl
20 g Butter
1 Handvoll Walnüsse
schwarzer geräucherter
Pfeffer

Die Feigen vierteln und mit der Butter und dem Honig etwa 5 Minuten bei mittlerer Hitze anbraten. Zur Seite stellen.

Den Backofen mit Grillfunktion vorheizen auf 180 °C.

Nun zur Zubereitung. 4 Scheiben Pain de Campagne auf ein mit Backpapier ausgelegtes Backblech legen und mit den gebratenen Feigen belegen. Den Rucola verteilen, mit Olivenöl beträufeln und dann die Walnüsse darüberstreuen. Die Croques mit den restlichen Brotscheiben verschließen und mit dem Gorgonzola belegen.

Für 6 bis 8 Minuten auf der oberen Schiene im Backofen grillen. Die Croques sind fertig, wenn sie schön gratiniert sind. Heiß genießen.

Tipp
Wenn Sie kein Fan von Blauschimmelkäse sind, können Sie für dieses Rezept auch einen halbtrockenen Ziegenkäse verwenden.

Der aus Übersee

Banane | Ahornsirup

Falls Sie noch Brioche, überreife Bananen und zufällig noch einen Rest Ahornsirup übrig haben, sollten Sie unbedingt dieses leckere Frühstückscroque ausprobieren.

Für 4 Croques
Zubereitungszeit: 15 min
Gerät der Wahl: Pfanne

8 Scheiben Brioche
2 Bananen
30 g Butter
20 g Vollrohrzucker
Ahornsirup

Die Bananen schälen, halbieren und dann der Länge nach halbieren. Die Butter in der Pfanne zerlassen und die Bananenviertel bei mittlerer Hitze leicht anbraten. Den Vollrohrzucker zugeben und beidseitig kurz karamellisieren lassen. Zur Seite stellen.

In derselben Pfanne die Briochescheiben beidseitig anbraten, damit sie die Butter-Zucker-Mischung aufnehmen können.

Nun zu den Croques: Auf jeden der 4 Teller 1 Briochescheibe legen und mit 3 karamellisierten Bananenstücken belegen. Nach Geschmack mit Ahornsirup übergießen und die Croques mit den restlichen Brotscheiben verschließen. Sofort servieren.

Tipp
Flambieren Sie die Bananen nach dem Karamellisieren in der Pfanne mit – möglichst hochprozentigem – Rum – das sieht nicht nur toll aus, es verleiht ihnen auch einen einzigartig köstlichen Geschmack!
Zum Flambieren keine beschichtete Pfanne verwenden!

Der aus Montélimar

Erdbeere | Mascarpone | Weißer Nougat

Hier vereinen sich frische Erdbeeren mit köstlichem weißem Nougat aus Montélimar – besser geht's nicht!

Für 4 Croques
Zubereitungszeit: 25 min
Gerät der Wahl: Pfanne

8 tranches de pain brioché
8 Scheiben Brioche
200 g Erdbeeren
50 g Mascarpone
20 g Butter
2 TL Puderzucker
125 g Sahne, 35 % Fett
200 g weißer Nougat

Die Erdbeeren putzen und halbieren. In einer Schüssel die Sahne mit dem Mascarpone aufschlagen und den Puderzucker zugeben, sobald die Masse eine kompaktere Konsistenz annimmt. Weiterschlagen, bis die Sahne Wellen oder Wolken bildet. Zur Seite stellen. Die 8 Briochescheiben kurz im Toaster toasten.

Drei Viertel der Erdbeeren mit der Butter kurz bei mittlerer Hitze in der Pfanne anbraten, bis sie weich, aber nicht zu weich sind. Die Erdbeeren werden ein wenig Saft abgeben, aber das ist normal. Mit dem Saft auf einen Teller geben und zur Seite stellen. Die Briochescheiben 1 Minute in derselben Pfanne mit 1 EL Erdbeersaft anbraten.

Nun zu den Croques: Auf jeden der 4 Teller 1 Briochescheibe legen und die gebratenen sowie die restlichen frischen Erdbeerhälften verteilen. Die Croques mit den restlichen Brotscheiben verschließen, großzügig mit der Sahne-Mascarpone-Mischung bestreichen und Bruchstücke des weißen Nougats darüberstreuen. Sofort servieren.

Tipps
Damit Ihnen die Schlagsahne gelingt, ist es wichtig, dass sowohl die Sahne als auch der Mascarpone sehr kalt sind. Nehmen Sie immer eine Schlagsahne mit einem Fettgehalt von mindestens 35 %.

Die letzte Versuchung

Mango | Schokolade | Pralin

Diesem Dream-Team aus zuckersüßer Mango und dunkler Schokolade kann garantiert niemand widerstehen!

Für 4 Croques
Zubereitungszeit: 15 min
Gerät der Wahl: Backofen

8 Scheiben Brioche
1 reife Mango
100 g dunkle Schokolade
20 g Pralin
(oder gemahlener Krokant)
20 g Butter

Die Mango schälen und das Fruchtfleisch längs auf beiden Seiten vom Kern schneiden und dann in circa 0,5 cm dicke Streifen schneiden.

Die dunkle Schokolade raspeln und die 8 Briochescheiben auf einer Seite dünn mit Butter bestreichen.

Den Backofen mit Umluft auf 150 °C vorheizen.

Nun zu den Croques: 4 der Briochescheiben mit der gebutterten Seite nach unten auf ein mit Backpapier ausgelegtes Backblech legen. Mit den Mangostreifen belegen, dann die Schokoraspel und das Pralin verteilen. Die Croques mit den restlichen Briochescheiben verschließen.

Für 6 bis 8 Minuten auf der mittleren Schiene im Backofen grillen. Die Croques sind fertig, wenn sie eine schöne goldbraune Farbe angenommen haben und die Schokolade geschmolzen ist. Lauwarm genießen.

Tipps
Behalten Sie den Backofen im Blick, da die Briochescheiben schnell dunkel werden, und nehmen Sie für dieses Rezept eine hochwertige Schokolade mit einem Kakaoanteil von mindestens 60 %.

Index

DANKSAGUNG

DANK AN

Meine Mutter, die mich zu dem Menschen gemacht hat, der ich heute bin.

Meine Omas, die mir während meiner gesamten Kindheit die Leidenschaft für das Kochen vermittelt haben. Sie haben dafür gesorgt, dass ich gerne „gut esse".

Cyril für die vielen Stunden des Korrekturlesens.

Meine Familie für die immerwährende Unterstützung und all die Abende, an denen wir ein Croque nach dem anderen gegessen haben.

Alex für die klugen Ratschläge, die es mir ermöglichen, mich immer weiterzuentwickeln.

Das Team von First Éditions (Rose-Marie und Cédric), dafür, dass sie mir ihr Vertrauen geschenkt und mir geholfen haben, mein erstes Buch zu verwirklichen.

Géraldine für ihre Engagement, ihre positive Energie, ihr Talent und die gemeinsamen Wochenenden, an denen wir gut gelaunt Fotos geschossen haben.

Die Hersteller all dieser herrlichen Produkte, die eine großartige Arbeit leisten und meine Lust am Lernen, Entdecken, Weitergeben und Teilen jeden Tag aufs Neue vorantreiben.

Meine Freunde, dafür, dass wir immer wieder gerne um einen Tisch und bei einem guten Glas Wein in Paris und anderswo zusammenfinden.

Gaëlle und Catherine von „le Regal" für die Holzbretter made in France, auf denen einige der Croques angerichtet wurden.

Sie, die dieses Buch lesen. Ich hoffe, dass es Ihnen ebenso gefällt, wie es mir gefallen hat, daran zu arbeiten, und dass es einen festen Platz zwischen all den anderen Kochbüchern in ihrer Küche finden wird.

HEEL Verlag GmbH
Gut Pottscheidt
53639 Königswinter
Tel.: 02223 9230-0
Fax: 02223 9230-13
E-Mail: info@heel-verlag.de
Internet: www.heel-verlag.de

Originalausgabe:
© Éditions First,
un département d'Edi8, Paris, 2021
92, avenue de France
75013 Paris - France
Tél.: 01 44 16 09 00
Fax: 01 44 16 09 01
firstinfo@efirst.com
www.lisez.com

Originaltitel:
Les Croques
Original-ISBN: 978-2-412-07018-5

Herausgeberin: Marie-Anne Jost-Kotik
Chefredaktion: Rose-Marie Di Domenico
Redaktion: Cédric Le Brun
Graphische Gestaltung: Pierre Manas
Fotos: © Géraldine Martens
Lektorat: Stéphane Deschamps
Korrektorat: Irène Colas

Deutsche Ausgabe:
Übersetzung: Frederik Kugler, Berlin
Covergestaltung: Christine Mertens, HEEL Verlag GmbH
Satz: Sabine Vonderstein, Köln
Lektorat und Projektleitung: Christine Birnbaum

Printed in Czech Republic

978-3-96664-520-1